Roberto da Silva Rocha

professor universitário e cientista político

TEORIA DO ORÇAMENTO PARTICIPATIVO

Brasília, 14 de março de 2013

Roberto da silva Rocha, Mestre em Ciência Política pela UnB

INTRODUÇÃO

O comunismo de conselhos via nos conselhos operários (Sovietes, na Rússia) como a forma de auto-organização revolucionária do proletariado, tal como se pode ver embrionariamente na Comuna de Paris e posteriormente em 1905, na primeira Revolução Russa, bem como nas diversas tentativas de revolução proletária na Europa, sem falar na Revolução Russa de 1917.

Os conselhos operários também seriam as instituições de autogestão social na reorganização comunista da sociedade.

Neste contexto, se desenvolvia a crítica aos partidos políticos e sindicatos.

Otto Rühle, por exemplo, seria o mais ferrenho crítico dos partidos políticos, não a determinados partidos, mas aos partidos em geral, tal como se vê em seu artigo **A Revolução não é Tarefa de Partido**.

As demandas políticas da população parecem nunca ser plenamente satisfeitas ou atendidas, por que diz o axioma da Administração que "As necessidades humanas seriam infinitas e os recursos materiais e humanos são sempre limitados e contingentes".

Para remediar estas necessidades cada vez mais intensas, maiores, variadas, urgentes e desejadas pelo cidadão é que os arranjos políticos institucionais novos estão sempre surgindo em função de duas questões de base que mobilizam as mentes criativas dos pensadores de teoria no mundo político em função da busca do aperfeiçoamento de duas das mais importantes instituições políticas estruturais na formulação de uma nova definição de cidadania.

Estas duas questões fundamentais (de base) são:

- governança;
- governabilidade.

Desde as eras do Império Egípcio, passando pelos Impérios da China, Assírio, Inca, vindo depois das experiências detalhadamente registradas sobre as administrações republicanas no Império Romano, e notadamente durante o helenismo com as suas experiências democráticas e republicanas, que os teóricos de sociologia política têm buscado extrair a melhor forma para compatibilizar os sistemas políticos com os regimes de governo em cada civilização, em cada época, partindo de três clivagens geográfico-temporais:

a) mundo ocidental,

b) mundo oriental e

c) mundo novo (Américas).

A democracia é o elemento central estruturante deste trabalho.

O objetivo ao final é projetar mudanças evolutivas na forma de construção, de processos e sustentação teóricos do modelo cada vez mais utilizado da participação popular indireta representativa-participativa nos chamados miniparlamentos, ou minicâmara de proto vereadores que são as plenárias e fóruns das sessões legislativas locais do Orçamento Participativo.

Sendo o Orçamento participativo uma variante de parlamentarismo representativo-participativo, o Orçamento Participativo precisa se espelhar na organização parlamentar tradicional por sê-lo uma forma de organização política parental (simulacro) das

a) câmaras representativas (câmaras de vereadores,

b) câmaras de deputados estaduais,

c) federais e do

d) senado federal),

onde os deputados-vereadores

a) (conselheiros do OP,

b) delegados e

c) participantes)

das plenárias e fóruns do Orçamento Participativo apresentam e representam as plataformas de propostas comunitárias.

Então, por isso, nada obsta que os candidatos aos cargos de conselheiros e de delegados no Orçamento Participativo sejam eleitos pela comunidade depois de realizarem campanhas eleitorais, que defendam plataformas de propostas chamadas prioridades do OP em suas campanhas eleitorais, formem agremiações em torno de propostas (prioridades) fechadas

- (em blocos dentro da comunidade,
- distrito,
- área,
- cidade,
- bairro,
- rua)

exatamente como o fazem os partidos políticos e os seus candidatos nas eleições políticas.

Neste caso os delegados do OP fazem o papel análogo ao dos

- vereadores-
- deputados estaduais-federais,

e os conselheiros do OP fazem papel análogo ao dos

- senadores federais,

seguindo regras, processos e procedimentos análogos aos das eleições partidárias, usando os mesmos instrumentos, instituições políticas, jurisdicionais e práticas eleitorais.

I – A Trajetória e Histórico do OP no Brasil

I.1 - Orçamento Participativo (OP)

Orçamento Participativo (OP) é um mecanismo semigovernamental de democracia participativa que permite aos cidadãos influenciar ou codecidir sobre os orçamentos públicos, geralmente o orçamento de investimentos de prefeituras municipais, através de processos da participação da comunidade.

Esses processos se desenvolvem em assembleias abertas e periódicas e em etapas de negociação semidireta com o governo.

No Orçamento Participativo retira-se (compartilha-se) parcela de poder de uma elite burocrática repassando-o diretamente para a sociedade.

Com isso a sociedade civil passa a percepção de que precisa e pode ocupar espaços (de representação política) que antes lhe eram "furtados".[1]

A implementação do OP surgiu com a fase de redemocratização e com a promulgação da Constituição de 1988, quando foi proposta, instituída e estimulada a participação popular na definição de políticas governamentais, por intermédio da criação dos Conselhos Setoriais de Políticas Públicas como espaços de controle social.

As mudanças constitucionais alinhadas à vontade populares e à visão de políticas públicas compartilhadas viabilizaram a implantação, em Porto Alegre (RS), do Orçamento Participativo, em 1989, tendo como ponto de partida a proposta de discussão pública do orçamento e dos recursos para investimentos públicos.

Muitas prefeituras adotaram a coparticipação popular na administração local baseando-se no modelo de Porto Alegre (RS) como é o caso de:

1. Saint-Denis (França),

2. Rosário (Argentina),
3. Montevidéu (Uruguai),
4. Barcelona (Espanha),
5. Toronto (Canadá),
6. Bruxelas (Bélgica),
7. Belém (Pará),
8. Santo André (SP),
9. Aracaju (Sergipe),
10. Blumenau (SC),
11. Recife (PE),
12. Olinda (PE),
13. Belo Horizonte (MG),
14. Atibaia (SP),
15. Guarulhos (SP) e
16. Mundo Novo (MS).

(disponível em: http://pt.wikipedia.org/wiki/Orçamentoamento_participativo)

Com diferentes metodologias em cada município em que o OP é executado, suas assembleias costumam ser realizadas em sub-regiões municipais, bairros ou distritos, em discussões temáticas e/ou territoriais, elegendo também delegados que representarão um tema ou território nas negociações com o governo.

Esses delegados formam (elegem conselheiros) um Conselho anual que além de dialogar diretamente com os representantes da prefeitura sobre a viabilidade de executar as obras aprovadas nas assembleias, também irão propor reformas nas regras de funcionamento do programa e definirão as prioridades para os investimentos, de acordo com critérios técnicos de carência de serviço público em cada área do município.

(disponível em: http://pt.wikipedia.org/wiki/Orçamentoamento_participativo)

I.2 - Nascimento da ideia de orçamento participativo no Brasil

As experiências de gestão pública em que a participação popular recebeu tratamento privilegiado, especialmente no que se refere aos recursos públicos, e, portanto, aos orçamentos, no Brasil, começaram a desenvolver-se a partir da década de 1970.

As experiências citadas na maioria das publicações e pesquisas sobre o tema, como tendo sido as pioneiras são as da

- Prefeitura de Vila Velha no Espírito Santo e a de
- Lages, no Estado de Santa Catarina,

em que os prefeitos de então adotaram como estratégia de formulação orçamentária reuniões com a população, nos bairros, para ouvir diretamente dos interessados as suas necessidades.

(disponível em: http://pt.wikipedia.org/wiki/Orçamentoamento_participativo)

Na década seguinte, dos anos 1980, o Brasil ingressou numa era chamada por diversos estudiosos de "participacionista", porque a participação popular passou a se converter não apenas numa forma prática de exercer a política, mas em uma "utopia" ou "bandeira" política, em si mesma.

(disponível em: http://pt.wikipedia.org/wiki/Orçamentoamento_participativo)

Este sentimento ganhou força, à medida que se acentuava a crise da ditadura militar, e à medida que a população crescentemente se mobilizava (de forma organizada) em favor de formas mais democráticas para o País.

Assim, certos movimentos sociais, especialmente ligados às pastorais sociais da igreja católica, defendiam a "voz e vez" do povo, os políticos considerados "progressistas" defendiam a descentralização política, para "aproximar as decisões do povo", e quando assumiam os governos, procuravam favorecer formas descentralizadas de governo.

A campanha das "Diretas Já" conclamando pelo direito da população eleger diretamente um Presidente da República, expressava fundamentalmente o sentimento da população de querer estar presente à cena política.

Com a posse do presidente José Sarney, em 1985, primeiro presidente civil, após o Golpe Militar de 1964, houve a convocação da "Constituinte", que, constituída após as eleições de 1986, incorporou, ao seu regimento interno, diversos mecanismos participativos para acolher as demandas dos cidadãos e levá-las à consideração dos deputados constituintes.

O sentimento "participacionista" era suficientemente forte para mobilizar a constituição de um "Plenário Pró-Participação Popular na Constituinte" além de recolher abaixo-assinados de mais de 12 milhões de pessoas as propostas apresentadas aos constituintes para incorporação à Constituição Federal, cuja conclusão deu-se em 5 de outubro de 1988.

A Constituição de 1988 incorporou o direito ao exercício direto da cidadania como um dos pressupostos do Estado Brasileiro, razão pela qual são crescentes as inovações institucionais e legais tendo em vista ampliar o alcance da participação popular nas políticas públicas.

(Participação direta da população através do plebiscito, iniciativa popular e o referendo)

I.3 - O orçamento participativo no Brasil Neste contexto, várias experiências de gestão participativa de planejamento e execução do orçamento público, foram sendo testadas, em várias cidades, como

- Diadema (São Paulo) ou
- Vila Velha (Espírito Santo – anos de 1970).

Em ambos os casos foram constituídos órgãos com a presença de moradores para discutir o uso do orçamento municipal.

Normalmente, valorizavam-se as associações de moradores como órgãos legítimos de representação dos moradores, e deste modo, tais associações eram convidadas a integrar tais órgãos consultivos em que as prefeituras tomavam conhecimento das necessidades e demandas da população.

A experiência de orçamento participativo surgiu na cidade de Porto Alegre, capital do estado do Rio Grande do Sul, na gestão de Olívio Dutra, do Partido dos Trabalhadores (PT), em 1989, como resultado da pressão de movimentos populares por participar das decisões governamentais.

Desde 1986, a UAMPA - União das Associações de Moradores de Porto Alegre havia participado de discussões para o planejamento do orçamento municipal, ainda sob a liderança do prefeito Alceu Collares, do PDT.

Entretanto a partir das experiências observadas entre os diferentes processos em relação ao Orçamento Participativo, que se implantou com a gestão do Partido dos Trabalhadores, é que foi criada uma metodologia por meio da qual cada cidadão que se fizesse presente às "Plenárias Regionais" podia votar sobre quais os tipos de necessidades o governo municipal deveria atender.

Esta metodologia, na sua apuração dos votos, considerava a localização do voto, atribuindo pesos maiores às regiões da cidade em função da carência da prestação dos serviços públicos, dentre outros critérios.

(disponível em: http://pt.wikipedia.org/wiki/Orçamentoamento_participativo)

Depois de considerados os votos por áreas de investimento e aplicadas as fórmulas de ponderação dos votos, em função dos critérios aprovados anteriormente, então, elegiam-se delegados, por plenárias, e conselheiros para compor o Conselho do Orçamento Participativo (COP), onde se especificavam as obras que poderiam tornar viáveis o atendimento das destinações percentuais dos recursos por áreas das políticas públicas

- (educação,
- saúde,

- transporte público,

- saneamento,

- moradia, etc.)

- e por regiões da cidade.

(disponível em: http://pt.wikipedia.org/wiki/Orçamentoamento_participativo)

Este modelo de gestão, que existe desde 1989 em Porto Alegre[2], ganhou reconhecimento da população, sendo-lhe atribuído parte da responsabilidade pela permanência do PT à frente da prefeitura de Porto Alegre durante dezesseis anos.

(disponível em: http://pt.wikipedia.org/wiki/Orçamentoamento_participativo)[3]

O processo de construção do Orçamento Participativo e dos Conselhos Municipais, com a efetiva e crescente participação da comunidade, transformou-se no elemento mais forte, mais rico e mais importante da Administração Popular em Porto Alegre.[4]

—Raul Pont (disponível em:
http://pt.wikipedia.org/wiki/Orçamentoamento_participativo)

A atual gestão, sob a liderança do Partido Popular Socialista, mantém o funcionamento do OP, com alterações em seu formato.

(disponível em: http://pt.wikipedia.org/wiki/Orçamentoamento_participativo)

Em 1996 a Conferência de Istambul, Habitat II da ONU, ou Cúpula das Cidades, reconheceu o Orçamento Participativo como "Prática Bem Sucedida de Gestão Local".

O Orçamento Participativo de Porto Alegre tornou-se uma referência para o mundo.

A ONU considerou a experiência como uma das 40 melhores práticas de gestão pública urbana no mundo.

O Banco Mundial reconheceu o processo de participação popular de Porto Alegre como exemplo bem-sucedido de ação conjunta entre Governo e sociedade civil.

Representantes de prefeituras brasileiras, estrangeiras e estudiosos do mundo inteiro vêm a Porto Alegre com o objetivo de conhecer seu OP.

(disponível em: http://pt.wikipedia.org/wiki/Orçamentoamento_participativo)[5].

I.4 - Outras experiências Devido à longevidade e à importância adquirida por seus resultados, o Orçamento Participativo de Porto Alegre ganhou projeção nacional e internacional, gerando novos paradigmas da participação cidadã institucionalizada por governos municipais.

(disponível em: http://pt.wikipedia.org/wiki/Orçamentoamento_participativo)

No Brasil, segundo pesquisa do Fórum Nacional de Participação Popular [1], entre 2001 e 2004, 140 municípios brasileiros haviam iniciado experiências de Orçamento Participativo.

Em países da Europa, calcula-se que esse número passasse de 50 municípios, no ano de 2005 **From Porto Alegre to**

Europe: Potentials and Limitations of Participatory Budgeting.

(disponível em: http://pt.wikipedia.org/wiki/Orçamentoamento_participativo)

Outras cidades latino-americanas, como

- Montevidéu,
- Caracas ou
- Buenos Aires,
- ou ainda países como o Peru,

  tem constituído suas formas de Orçamento Participativo, adaptando-as.

(disponível em: http://pt.wikipedia.org/wiki/Orçamentoamento_participativo)

A prefeitura de Belo Horizonte inovou, ao adotar o Orçamento Participativo Digital, por meio de votação eletrônica pela internet onde qualquer cidadão pode opinar e votar nas obras de sua preferência através da World Wide Web.

Durante a gestão de Marta Suplicy (PT), entre os anos de 2001 e 2004, a Prefeitura de São Paulo adotou o OP com algumas outras inovações:

a) O "Orçamento Participativo Criança",[6]
- sistema diferenciado de participação em todas as escolas públicas municipais para demandas de investimentos em escolas e bairros, implementado no último ano;

- A facilidade para representação de delegados para nove coletivos sociais considerados vulneráveis

a) (mulheres,

b) negros,

c) indígenas,

d) pessoas sem moradia,

e) GLBT,

f) pessoas com deficiências,

g) jovens,

h) idosos,

i) crianças e adolescentes);

j) E, cursos de formação para

k) delegados,

l) conselheiros e

m) técnicos da prefeitura.

(disponível em: http://pt.wikipedia.org/wiki/Orçamentoamento_participativo)

José Serra declarou numa sabatina no Diário de S. Paulo, durante sua campanha à prefeitura, que: "O Orçamento Participativo é puro marketing" e que "O meu orçamento participativo vai ser de verdade, não a demagogia que é hoje".

Não obstante, com a derrota eleitoral do PT, nas eleições seguintes, e a posse do Prefeito José Serra, o OP foi simplesmente descontinuado na cidade de São Paulo.

(disponível em: http://pt.wikipedia.org/wiki/Orçamentoamento_participativo)[7]

O orçamento participativo permite à população discutir orçamento e políticas públicas.

Seu objetivo é assegurar participação direta na definição das prioridades para os investimentos públicos.

Com isso, a decisão sobre os recursos municipais fica compartilhada entre os poderes

- Executivo,
- Legislativo
- e a população.

(disponível em: http://pt.wikipedia.org/wiki/Orçamentoamento_participativo)

I.5 - No Estado de São Paulo Entre 1997 e 2000 havia, no Estado de São Paulo, 23 municípios com Orçamento Participativo, dos quais nove eram administrados pelo PT, sete pelo PSDB, e os demais pelos outros partidos políticos.

Dentre os principais municípios que adotaram o Orçamento Participativo, pode-se citar

a) Americana,
b) Bernardino de Campos,
c) Caçapava,
d) Catanduva,
e) Franca,
f) Guarulhos,
g) Itapecerica da Serra,
h) Jaboticabal,

i) Mauá,

j) Mogi-Mirim,

k) Bauru,

l) Santo André,

m) São Carlos, e vários outros.

(disponível em: http://pt.wikipedia.org/wiki/Orçamentoamento_participativo)[8]

II - Democracias Típicas

1 - Democracia representativa

A Democracia representativa é o ato de um grupo ou pessoa ser eleito, normalmente por votação, para "representar" um povo ou uma população, isto é, para agir, falar e decidir em "nome do povo".

Os "representantes do povo" se agrupam em instituições chamadas

- partidos políticos,
- parlamento,
- câmaras de vereadores,
- câmaras estaduais,
- senado,
- congresso
- ou assembleia da república.

O conceito moderno de democracia é dominado pela forma de democracia eleitoral e plebiscitária majoritária no Ocidente, a que chamamos

a) democracia liberal ou

b) democracia representativa.

Apesar de sua aceitação generalizada – sobretudo no pós-Guerra Fria - a democracia liberal é apenas uma das formas de representação balanceada de interesses, compreendida num conceito global de isonomia utilitarista.

A moderna noção de democracia se desenvolveu durante todo o século XIX e se firmou no século XX e está ligada ao ideal de participação popular, que remonta aos gregos, mas que se enriqueceu com as contribuições da Revolução Francesa, do Governo Representativo Liberal inglês e, finalmente, da Revolução Americana, que foram experiências de libertação do Homem e afirmaram da sua autonomia.

1.2 - Características da democracia representativa

Os parlamentos são os locais de encontro dos representantes.

Enquanto na antiga democracia direta grega a participação no processo democrático era limitada a alguns membros da sociedade

(20% da população - excluía:

- *mulheres,*
- *escravos,*
- *pobres,*
- *estrangeiros),*

na moderna democracia representativa o sufrágio universal conseguiu quantitativamente garantir a participação da grande maioria de cidadãos.

Porém qualitativamente seus mecanismos limitam a atuação dos participantes no jogo democrático.

A democracia representativa torna formal, legal, estrutural e permanente a separação entre dirigentes e dirigidos.

Um dos mecanismos que vai reforçar a separação entre dirigentes e dirigidos se refere ao nível dos conhecimentos técnicos necessários àqueles que irão representar o "povo".

O lema da Listapartecipata italiana, que é "O controle do governo nas mãos do Povo (e não somente no dia das eleições)" bem ilustra esse ponto.

2 - Democracia participativa

O regime da democracia participativa ou democracia deliberativa é um regime onde se pretende que existam efetivos mecanismos de controle exercidos pela sociedade civil sobre a administração pública, não se reduzindo o papel democrático apenas ao voto, mas também estendendo a democracia para a esfera popular, coletiva e social.

A democracia participativa é considerada um modelo ou ideal de justificação do exercício do poder político pautado no debate público entre cidadãos livres e em condições iguais de participação.

Advoga que a legitimidade das decisões políticas advém de processos de discussão que, orientados pelos princípios da inclusão, do pluralismo, da igualdade participativa, da autonomia e da justiça social, conferem um reordenamento na lógica de poder político tradicional. [1]

A democracia deliberativa constitui-se como um modelo ou processo de deliberação política caracterizado por um conjunto de pressupostos teórico-normativos que incorporam a participação da sociedade civil na regulação da vida coletiva.

Trata-se de um conceito que está fundamentalmente ancorado na ideia de que a legitimidade das decisões e ações políticas deriva da deliberação pública de coletividades de cidadãos livres e iguais.

Constitui-se, portanto, em uma alternativa crítica às teorias "realistas" da democracia que, a exemplo do "elitismo democrático", enfatizam o caráter privado e instrumental da política.

[2] —LÍGIA HELENA HAHN LÜCHMANN

3 - Democracia direta

Uma democracia direta é qualquer forma de organização na qual todos os cidadãos podem participar fisicamente no processo de tomada de decisões.

Uma das primeiras formas de democracias da antiguidade foram democracias diretas.

O exemplo mais marcante das primeiras democracias diretas é a de Atenas nas quais o povo se reunia nas praças e ali tomava decisões políticas.

Na Grécia antiga o "Povo" era composto por pessoas com título de cidadão ateniense.

Porém,

- mulheres,
- escravos,
- pobres,
- analfabetos,
- estrangeiros
- e mestiços

não tinham direito a esse título, exclusivo para homens que fossem filhos e netos de atenienses.

No mundo atual o sistema que mais se aproxima dos ideais da democracia direta é a democracia semidireta da Suíça[1].

Já em regime de democracia direta, os cidadãos não delegam o seu poder de decisão.

As decisões são tomadas através de assembleias gerais.

Se por acaso precisam de um representante, este só recebe os poderes que a assembleia quiser dar-lhe, os quais podem ser revogados a qualquer momento.

Assim, na democracia direta, o poder do representante se assemelha ao que é conferido por um mandato delegado.

Democracia direta pura, como tal, não existe em nenhum país moderno a nível nacional.

Existe hoje em dia apenas para decisões de caráter estritamente local ou paroquial em alguns cantões da Suíça (**Glarus e Appenzell Innerrhoden**), e numa determinada cidade da Suécia (**Vallentuna**).

4 – Democracia semidireta

Entretanto, o termo democracia direta também é usado para descrever sistemas mistos, onde democracia direta e indireta coexistem; seu nome mais correto seria democracia semidireta [2].

Nesses sistemas de democracia semidireta, além da existência de representantes eleitos que toma a maior parte das decisões em nome dos cidadãos, estes também têm a oportunidade de influenciá-las através de

- iniciativas populares,
- plebiscitos
- e referendos (ratificação de decisões de representantes).

A Suíça, por exemplo, se considera oficialmente uma "democracia semidireta"[2], com o sistema representativo e de referendos e plebiscitos coexistindo; somente no cantão de Glarus e no semi-cantão Appenzell Innerrhoden[3] a democracia é praticamente direta, com o povo se reunindo ao ar livre no vilarejo para tomar decisões[2].

Mais da metade dos referendos realizados a nível nacional entre 1900 e 1993 - 52 por cento - tiveram lugar na Suíça.[4]

Outra forma de análise, conceitua todas as democracias como diretas, pois todo o poder emana do povo que o exerce diretamente com uma delegação condicionada a representantes (na suposição que os representantes cumprirão os seus programas pré-eleitorais pactuados com o cidadão, podendo o não cumprimento resultar em cassação de mandato através de ação na justiça) ou, diretamente, sem delegação condicionada.

4.1 - Poderes básicos (democracia semidireta)

1. Representação:

o representante não tem poder de decisão. A assembleia manda, o representante obedece. 2. Voto: a discussão em assembleia sempre busca o consenso.

Decisões são ratificadas por chamadas ao voto.

Caso haja uma polêmica onde o consenso não seja possível, então se pode fazer uma chamada de votos.

Neste caso, a maioria vence (por exemplo, uma maioria de 50% mais 1).

3. Bloqueio:

num sistema de democracia direta, procura-se preservar a opinião da minoria através deste recurso.

Caso a decisão da maioria seja intolerável, a minoria pode manifestar um bloqueio (ou veto).

Dependendo do sistema usado, este pode impedir que a decisão seja levada a cabo, ou então obriga a uma segunda votação.

Neste último caso, a maioria teria que modificar sua proposta, de forma que um número maior de cidadãos vote a seu favor (por exemplo, uma maioria de 2/3).

4. Plebiscito:

proposição levada diretamente para decisão do eleitor.

5. Referendo:

proposição aprovada indiretamente por representantes e levada ao eleitor para confirmação ou rejeição.

6. Revogatório de mandato (Recall):

o mandato de um representante legalmente eleito é ressubmetido à votação direta dos eleitores, que decidem pela manutenção, ou cassação, desse mandato.

7. Iniciativa popular:

um número mínimo de eleitores apresenta proposição para aprovação direta dos demais eleitores.

4.2 - Exemplos de casos de democracia direta:

a. Em empresas autogestionadas
b. Em sindicatos anarcossindicalistas
c. Em movimentos sociais, como no movimento antiPoll tax dos anos 1990 - 1991 no Reino Unido
d. A democracia direta foi tentada em diversas Revoluções Comunistas no intuito de suprimir formas autoritárias de organização social, e/ou evitar o surgimento destas

e. As experiências oriundas do Brasil, como:

a) e.a) o Plebiscito sobre a forma e o sistema de governo;

b) e.b) do referendo do desarmamento;

c) e.c) ou mais especificamente a implantação em Porto Alegre[5] do Orçamento Participativo, em que a democracia direta (assembleias de bairro que no entanto tinham restrição à participação a representantes de associações, cabos-eleitorais e cidadãos mais ativos) conviveu com a prática da representatividade no procedimento de decisão sobre a liberação dos recursos do fundo público (não houve a possibilidade de concretizar-se a operacionalização de um sistema viável aberto ao voto direto de todos os eleitores);

d) e.d) ou do Orçamento Participativo digital de Belo Horizonte, onde uma pequena parte do orçamento é colocada em votação direta via Internet para o eleitor por região da cidade, onde este pode escolher entre um grupo de obras pré-determinadas pela prefeitura.

f. Como o sistema político vigente na Suíça, desde 1890 (ver abaixo)

g. No levante do Exército Zapatista de Libertação Nacional - EZLN no estado de Chiapas, México

Pelo aspecto político, em termos gerais,[6] podemos definir a democracia direta como uma entre seis formas de "governo", a saber:

(1) Liberdade sem restrição;

(2) Democracia direta com consenso;

(3) Democracia direta com domínio da maioria;

(4) Democracia delegada;

(5) Democracia representativa;

(6) Ditadura aberta de uma minoria.

4.3 - Democracia semidireta na Suíça

Na Suíça, a maioria simples é suficiente nas cidades e estados (chamados cantões e semicantões).

Já a nível nacional, podem ser necessárias "maiorias duplas", cuja intenção seria de confirmação de qualquer lei criada por um cidadão[2].

Maiorias duplas são, primeiramente:

a) a aprovação pela maioria dos votantes e, depois,

b) a maioria dos estados em que a votação teria sido aprovada.

Uma lei criada por um cidadão não pode ser aprovada se a maioria das pessoas a aprova, mas não a maioria dos estados. A maioria dupla foi instituída em 1890, copiando-se o modelo vigente no congresso americano, onde os deputados votam representando as pessoas e os senadores, os estados.

Aparentemente este método tem sido muito bem sucedido desde 1890[2].

Contrastando com o conceito de plebiscitos promovidos por governos para obter suporte à política de governo já estabelecida, como no caso das constituições da França [7] e da Áustria [8] (ou mesmo do Brasil), na democracia semidireta da Suíça não compete ao governo nem ao parlamento a decisão de submeter qualquer matéria à decisão popular.

Em consequência os instrumentos de democracia direta da Suíça são os meios de que o povo dispõe para se opor, e para controlar, políticas criadas pelo governo e pelos partidos políticos [9].

5 - Sistema democrático

Na Suíça o povo tem a última palavra sobre questões essenciais, num sistema chamado de democracia semidireta.

Além do parlamento, os cidadãos comuns podem participar da elaboração da constituição e das leis.

E os suíços não se abstêm de o fazer [10].

Na Suíça, ao contrário da maioria dos países onde há plebiscitos, não compete ao Governo nem ao parlamento a decisão de submeter qualquer matéria à decisão popular, mas sim a seu povo.

Pelo menos quatro vezes por ano os cidadãos suíços recebem um envelope da Confederação Suíça, de seu Cantão ou de sua Comuna e são convocados a opinar sobre assuntos específicos.

Ao contrário das democracias representativas puras, os eleitores suíços podem se manifestar amiúde, se constituindo assim numa instância política suprema, e não apenas episódica.

A grande maioria das votações se faz de forma secreta utilizando urnas, ou enviando envelopes fechados pelo correio.

Em dois cantões ainda se utiliza o sistema de "Assembleia Popular" (Landsgemeinde), onde os cidadãos votam em praça pública, erguendo suas mãos.

6 - Modificação da Constituição

Mediante um abaixo-assinado de cem mil pessoas (cerca de 1,34% da população), o povo suíço pode obrigar o governo a submeter à votação um novo artigo, uma emenda ou uma revisão constitucional [10].

6.1 - Fiscalização e controle do parlamento

Outro instrumento muito importante da democracia semidireta suíça é o referendo, que permite aos cidadãos aceitar ou rejeitar decisões tomadas pelo Parlamento.

Algumas leis requerem obrigatoriamente a consulta popular antes de entrarem em vigor; é o que se chama de referendo obrigatório.

Em outros casos, os cidadãos que queiram se opor a uma determinada lei aprovada pelo Parlamento na Suíça deverão tentar reunir 50 mil assinaturas (cerca de 0,67% da população), e assim ter direito a convocar um referendo facultativo, que poderá revogar essa lei.

Uma das mais importantes consequências benéficas desse sistema de controle popular do parlamento é que esse proponente de leis, sabendo que uma lei depois de aprovada por ele poderá ser revogada pelo povo, procura consultar todos os grupos da sociedade que a ela possam se opor, tentando obter um consenso o mais amplo possível antes de aprová-la.

"Como lembram David Butler e Austin Ranney, em muitas oportunidades, na Suíça, os casos mais bem sucedidos do uso referendo são daqueles que não ocorrem (...)"[11]

6.1.1 - Landsgemeinde

A Landsgemeinde (Assembleia provincial, em alemão) [12][13] é uma das mais antigas e mais puras formas de democracia direta, pela qual os eleitores se reúnem ao ar livre, e votam erguendo suas mãos.

Introduzida no cantão suíço de Uri em 1231, só permanece em vigor, em nível cantonal, no semicantão Appenzell Innerrhoden e no cantão de Glarus.

Nas outras localidades os eleitores suíços exprimem sua vontade através das urnas.

A Landsgemeinde normalmente ocorre uma vez por ano, na primavera.

É nessa ocasião que se elegem os governantes, os juízes e os representantes na câmara alta do parlamento federal.

A Landsgemeinde [12] é também o local das votações sobre assuntos cantonais.

A contagem de votos é aproximada; ela se baseia mais numa estimativa que na contagem efetiva das mãos erguidas.

7 - Democracia direta no Canadá

O Canadá tem feito algumas experiências no uso da democracia direta.

Uma das mais importantes foi a criação do The Citizens' Assembly on Electoral Reform [14], um grupo criado pelo governo da Colúmbia Britânica para investigar e propor alterações no sistema de eleições provinciais; em 25 de outubro de 2004 esse grupo propôs a substituição do sistema eleitoral existente First Past the Post (FPTP) pelo sistema Single transferable vote (STV), cuja aprovação foi submetida ao eleitorado em geral, num referendo realizado em 17 de maio de 2005, conjuntamente com as eleições.

7.1 - Regras do referendo

Na Colúmbia Britânica

Para ser considerada aprovada e tornada lei, pelo referendo, a proposta teria que passar pela regra da "maioria dupla", ou seja:

- obter a aprovação de 60% do total votos válidos na província e simultaneamente obter mais de 50% dos votos em pelo menos 48 dos 79 distritos eleitorais;
- ou seja, vencer por maioria simples em 60% dos distritos.

7.1.1 - Resultados do referendo em BC

A proposta obteve maioria simples em 77 dos 79 distritos eleitorais.

Porém o total de votos "sim" válidos dos distritos eleitorais (57.69%) não atingiu o requisito mínimo de 60% para que a proposta se tornasse lei. 7.1.2 –

Em Ontário Processo idêntico foi iniciado pela província de Ontário, em março de 2006, e foi concluído em maio de 2007, com a seguinte recomendação: "Nós, a Assembleia dos Cidadãos Sobre a Reforma Eleitoral, recomendamos uma nova maneira de votar que acreditamos ser apoiada pelas tradições da província e refletir os valores que são importantes para os ontarianos.

A Assembleia recomenda que Ontário adote o sistema 'Mixed Member Proportional', especificamente concebido para atender as necessidades de Ontário."

 A proposta foi submetida a referendo obrigatório, realizado em 10 de outubro de 2007, tendo sido derrotada por larga margem; a manutenção do atual sistema de votação First Past the Post (FPTP) recebeu 63.1% do total de votos válidos em Ontário, obtendo maioria simples em 102 dos 107 distritos eleitorais.[15].

8 - Democracia direta na Itália

Na Itália, o projeto Listapartecipata cujo slogan é "O controle do governo nas mãos do povo (e não só no dia das eleições)" é uma experiência de democracia direta que vem sendo posta em prática, e é similar ao projeto sueco, chamado Demoex - Democracia Experimental.

Democracia Experimental (Demoex) [1],

um partido político sueco local, é uma experiência em democracia direta eletrônica, com votações pela internet, que teve início durante um seminário denominado "TI - Tecnologia da Informação e a Democracia" realizado em outubro de 2000 numa escola de Vallentuna, um subúrbio de Estocolmo [2].

Uma das razões de sua criação, além do desencanto generalizado com os políticos tradicionais, foi o fato de que na democracia representativa a opinião do Povo só é consultada uma vez a cada quatro anos.

E após serem eleitos, os políticos tradicionais podem agir praticamente como bem entenderem até a próxima eleição [3].

As discussões que se iniciaram naquele seminário, tanto online como na vida real, levaram um grupo de estudantes e professores a fundar o partido político Demoex, sem ideologia (no significado direita-esquerda), sem plataforma, e sem sede física, e que só tinha uma promessa: a democracia direta.

Esse partido concorreu às eleições municipais em setembro de 2002, e obteve um único assento na câmara municipal de Vallentuna.

Atualmente o sistema opera de forma que o representante eleito para a câmara vote de acordo com os resultados das votações online feitas pelos membros do partido.

O Projeto ListaPartecipata permite que um grupo de pessoas se reúna e participe de discussões utilizando internet, telefone ou os correios para eleger um membro como candidato às eleições regionais.

Em caso de vitória, o membro da lista eleito é obrigado a seguir as decisões tomadas por todos os membros dentro desse sistema de decisão multicanal, e arriscando-se a ser automaticamente demitido do cargo se não o fizer (veja poder revogatório de mandato).

Esse sistema de decisões, chamado Deciadiamo foi criado pela Fundação Telemática Livre, com sede em Roma.

O Movimento per la Democrazia Diretta, cujo lema é Ogni cittadino um membro del Parlamento (Cada cidadão um membro do Parlamento) promove a democracia direta na Itália, e coordena várias iniciativas similares.

9 - Democracia direta na França

As duas maneiras de democracia, representativa e direta, coexistem na França.

Além do sistema representativo tradicional, contam os eleitores franceses com o procedimento referendário previsto no artigo 11 da Constituição Francesa, à qual foi incluído em 28 de março de 2003, e pelo qual os projetos de deliberação ou de ato relevante da competência de uma coletividade podem, por sua iniciativa, ser submetidos, pela via do referendo, à decisão dos eleitores dessa coletividade.

Enquanto alguns países, como a Suíça e, num menor grau, a Itália, recorrem frequentemente aos referendos, por tradição histórica o uso do referendo é mais raro na França. [16]

10 - Democracia semidireta em Portugal

Em Portugal há que se considerarem dois aspectos: o aspecto nacional e o aspecto local (municipal), uma vez que a organização política portuguesa, ao contrário do que ocorre em outros países, como no Brasil, não reproduzem, nos diversos níveis de governo, o mesmo sistema político.

No plano nacional, Portugal, que é uma república parlamentarista, consagra o referendo de uma forma muito tímida, por razões históricas, escaldados que foram com o referendo perverso de 1933 - no qual as abstenções foram contadas como votos "sim" - e que culminou na instituição da ditadura de Salazar.

Múltiplas salvaguardas constitucionais foram incorporadas na atual Constituição Portuguesa para assegurar que o referendo em Portugal não possa jamais vir a ser usado de maneira delegatória, e foram tantas que acabaram por restringir bastante a operacionalidade de seus referendos; apesar disso já três foram realizados em Portugal com sucesso.

Em Portugal o referendo é um instrumento de democracia semidireta, pelo qual os eleitores são chamados a pronunciarem-se, por sufrágio direto e secreto, em questões que o poder político pretenda resolver mediante ato normativo.

 É regulado pelo artigo n.º 115 da Constituição da República Portuguesa.

A sua convocação é feita pelo Presidente da República sob proposta da Assembleia da República ou do Governo.

Está previsto no mesmo artigo que o referendo pode partir de uma iniciativa popular, que apresenta a sua proposta à Assembleia da República, e dependo da sua aceitação é enviada para o Presidente da República que decidirá favoravelmente ou contra a convocação do referendo.

O primeiro referendo português, depois da queda do Estado Novo, realizou-se em 28 de Junho de 1998, com a pergunta: "Concorda com a despenalização da interrupção voluntária da gravidez, se realizada, por opção da mulher, nas 10 primeiras semanas, em estabelecimento de saúde legalmente autorizado?", tendo vencido o "não" (1.356.754 votos, ou 50,07%).

Na esfera exclusivamente local (municipal) Portugal adota certos princípios de democracia direta, muito semelhantes aos adotados na Suíça.

11 - Democracia direta na Suécia

Na Suécia um partido político local desenvolveu um projeto, denominado Demoex - Democracia Experimental, que criou a tecnologia de computação e o software para votações através da internet, estando em operação experimental na cidade de Vallentuna [17], um subúrbio de Estocolmo.

Ver Democracia na era digital, abaixo.

No plano nacional dois partidos promovem a plataforma da democracia direta na Suécia: o Direktdemokraterna e o Aktivdemokrati.

12 - Democracia representativa na América Latina Na década de 90 consultas populares, referendos, iniciativas da sociedade civil e revogação de leis se tornaram instrumentos ao alcance do público da maioria dos países latino-americanos, com a incorporação em suas constituições de mecanismos de participação direta.

Esses mecanismos de participação que já existiam na Colômbia, no Chile e Uruguai se generalizaram nos últimos 15 anos, mas emergem em contextos políticos muito diferentes entre si, e ainda são muitas vezes aplicados de maneira descaracterizada, esporádica e, às vezes, perversa, dizem os especialistas.

As experiências – ou a falta delas – na região mostraram uma realidade que é muito diferente da existente na Suíça, onde o emprego mecanismos de democracia direta têm tradição de mais de um século de prática eficiente e exitosa.

"Na América Latina, uma mesma ferramenta pode promover a participação ou a delegação de funções no Poder Executivo", alertou a doutora em ciências sociais a uruguaia Alicia Lissidini, da UNSAM, ao apresentar seu trabalho Democracia direta na América Latina: entre a participação e a delegação.

Em países em que as instituições democráticas não são sólidas, ou são instáveis, como é o caso da maioria dos países da América Latina, se o chefe do poder executivo tem o poder de convocar consultas populares, existe um risco de que faça uso "político" dessa convocação, isto é, que se utilize da convocação para fins partidários, ideológicos, autoritários ou autolegitimadores.

Nos países de "baixa qualidade democrática", se o alcance desses instrumentos não forem muito bem definidos e delimitados nas suas constituições existe o risco de que referendos e plebiscitos possam vir a influir negativamente na democracia; um chefe do poder executivo pode tentar convocar um referendo que mire além do tema da consulta, buscar a sua autolegitimação política, levando ao plebiscito na realidade a sua própria pessoa mais do que tudo, e subvertendo assim a função dos mecanismos de democracia direta.

Há várias maneiras constitucionais de prevenir esses riscos; uma delas é proibir a realização de plebiscitos e referendos em anos eleitorais.

A democracia representativa precisa cuidar de ter sempre ao seu alcance os meios e modos constitucionais que impeçam seus instrumentos de vir a serem usados, perversamente, para fomentar a democracia delegativa - que é seu exato oposto - o que poderia conduzir, como no passado já conduziu, à criação regimes totalitários.

Em março de 2007 realizou-se, em Buenos Aires, a Conferência Internacional sobre Democracia Direta na América Latina, com a participação de acadêmicos da região e também do Canadá, da Espanha, Itália e Suíça, e da Universidade de Genebra, que foi promovida pela organização intergovernamental IDEA (sigla em inglês do Instituto Internacional para a Democracia e a Assistência Eleitoral) com sede na Suécia. Em maio de 2008, na cidade suíça de Lucerna, se realizará a primeira Conferência Mundial sobre Democracia Direta.

12.1 - Argentina

Em 1996 a Argentina regulamentou a "iniciativa cidadã", pela qual o povo pode apresentar projetos de lei de seu interesse ao Congresso, que deverá submetê-los à votação em no máximo doze meses (curiosamente o dispositivo não prevê sanções ao Congresso, caso não o faça).

A Lei 24.747 fixou em 1,5% dos eleitores, distribuídos pelo menos por seis distritos eleitorais, o número necessário de assinaturas para essa convocação.

Não podem ser propostas emendas constitucionais.

A Constituição Argentina não contempla a iniciativa popular, nem o veto popular (quer dizer os cidadãos não podem convocar um plebiscito ou referendo para propor uma reforma, ou para derrubar uma lei).

Não há o direito "revogatório de mandato" (recall) ao nível nacional.

12.2 - Bolívia

Desde 2004, na Bolívia, os cidadãos têm o direito de iniciativa para convocar um referendo de caráter nacional e vinculante, mediante um abaixo-assinado por 6% dos eleitores.

Para referendos regionais esse número sobe para 8% dos eleitores, e, para referendos municipais, 10%.

São excluídos assuntos fiscais, de segurança interna e externa, e da divisão política da república.

As resoluções dos referendos se aprovam por maioria simples do eleitorado, e exigem um quórum de no mínimo 50% de participação.

Não podem ser realizados no período entre os 120 dias anteriores e os 120 dias posteriores à realização de eleições (tri-quarentena).

12.3 - Brasil

A Constituição Brasileira (1988) prevê, em seu artigo 14, que "a soberania popular será exercida pelo sufrágio universal e pelo voto direto e secreto, com valor igual para todos, e, nos termos da lei, mediante:

- I - plebiscito;
- II - referendo;
- III - iniciativa popular".

A Constituição, e a Lei que a regulamentou, estabelecem que a iniciativa popular consiste na apresentação de um projeto de lei, subscrita por no mínimo 1% do eleitorado nacional, distribuídos por pelo menos cinco estados, com não menos do que 3% em cada um deles.

Cabe à Câmara dos Deputados aceitá-lo ou rejeitá-lo, e o projeto deve versar sobre um único tema.

A legislação não é clara se esse mesmo procedimento pode ser usado para promover emendas à Constituição.

12.3.1 - Nos estados brasileiros

Todos os estados brasileiros incorporam o direito de iniciativa legislativa.

O Amapá,
Espírito Santo,
Maranhão,
Pará,
Paraná,
Paraíba,
Piauí,
Rio de Janeiro,
Rio Grande do Norte,
Santa Catarina,
Tocantins e
Sergipe

o incluem (ou deverão fazê-lo) nas Leis Orgânicas dos Municípios.

No Acre,
Alagoas,
Amapá,
Amazonas,
Bahia;
Ceará,
Espírito Santo,
Goiás,
Minas Gerais,
Paraíba,
Pará,
Pernambuco,
Piauí,
Rio Grande do Sul;
Roraima,
São Paulo,
Sergipe e
Santa Catarina

a iniciativa legislativa incluí o direito a propor emendas constitucionais.

As constituições do

Amapá,
Ceará,
Mato Grosso,
Pará,
Paraná,
Sergipe,
Rio de Janeiro,
Rio Grande do Norte,
Rio Grande do Sul e
Santa Catarina

contém artigos específicos que estabelecem os mecanismos de

- Iniciativa,
- Referendo, e
- Plebiscito

como formas de expressão popular; embora apenas as constituições do

Mato Grosso,
Pará,

Rio de Janeiro,
Rio Grande do Sul e
Sergipe

especifiquem seus alcances e limites, detalhadamente, em artigos específicos.

A maioria desses mecanismos foi aprovada entre 1989 e 1990. Exceto alguns.

12.3.2 - Nas cidades brasileiras

Várias cidades brasileiras tem desenvolvido formas de participação popular ativa na vida do município, especialmente com a prática de Orçamento Participativo, como é o caso de

- Porto Alegre,[5]
- Recife,
- Belo Horizonte,
- Suzano,
- Contagem,
- Ribeirão Preto [18],
- entre outras.[19]

12.4 - Chile

O Chile não possui nenhum tipo de iniciativa popular a nível nacional.

Várias organizações e políticos advogam a incorporação de mecanismos de democracia direta à constituição chilena.

12.5 - Equador

A constituição de 1967 do Equador já previa a realização de plebiscitos em várias circunstâncias, tais como reformas constitucionais proposta pelo Poder Executivo que fosse derrotada no Poder Legislativo, reformas aprovadas pelo Poder Legislativo com as quais o Poder Executivo estivesse em desacordo total ou parcial, projetos de lei de importância fundamental para o progresso do país, decisões de transcendental importância para os interesses da nação, e outros.

As constituições subsequentes ampliaram as possibilidades de consulta popular e a atual constituição (1998) prevê a figura revogatória de mandato ("recall").

12.6 - Peru

No Peru os referendos tornaram-se obrigatórios, desde 1993, para alterações na Constituição, exceto se uma reforma constitucional for aprovada no Congresso por duas legislaturas consecutivas, e obtenha, em cada caso, uma votação favorável superior a dois terços do número legal de congressistas (maioria qualificada).

Os mecanismos de democracia direta incluídos na constituição do Peru são bem mais limitados que os da Constituição Venezuelana, e não podem ser vistos como instrumentos que promovam a participação dos cidadãos nas decisões políticas, mas apenas como instrumentos criados para conter o poder dos partidos políticos e, em especial, do parlamento.

12.7 - Uruguai

O Uruguai é o país latino-americano que tem a maior e mais antiga experiência com instrumentos da democracia direta, tendo incorporado seus mecanismos pela primeira vez em 1934, e posteriormente os ampliou e melhorou.

O plebiscito uruguaio de 1989, que deteve os julgamentos contra militares acusados de violar direitos humanos, foi considerado muito importante, e a partir dessa experiência, iniciou-se uma etapa "contestatória" de referendos sendo convocados para impedir privatizações, ou para frear uma redução nas aposentadorias.

Até os anos 90, os plebiscitos no Uruguai eram utilizados pelos partidos políticos para dirimir suas diferenças, inclusive diferenças intrapartidárias.

Isso mudou, e agora os políticos uruguaios só costumam aderir a essas consultas depois do tema ter sido lançado pelos movimentos sociais.

Os cidadãos uruguaios têm o poder de iniciativa para convocar reformas constitucionais, sendo para isso requeridos 10% de assinaturas dos eleitores.

Em 2000 foi aprovada a lei n° 17.244, que incorporou à Constituição Uruguaia um interessante processo em duas etapas, pelo qual os cidadãos uruguaios, reunindo 2% de assinaturas dentre os eleitores, podem, durante os 150 dias contados da publicação de uma nova lei, interpor recurso de veto a essa lei.

Se votarem a favor dessa interposição pelo menos 25% dos eleitores, uma consulta popular será convocada, para aprovar ou derrubar a referida lei.

12.8 - Venezuela

A constituição venezuelana é a única na América Latina que prevê a possibilidade da revogação do mandato presidencial, o chamado "recall", e é uma das poucas que inclui a obrigatoriedade de submeter a referendo cada emenda ou reforma constitucional, sendo a menos restritiva para fixar o número de votos necessários para introduzir mudanças.

Os venezuelanos podem convocar um referendo consultivo em matérias de especial transcendência nacional, mediante abaixo-assinado por 10% dos eleitores.

O referendo contra leis e decretos propostos pelo presidente pode também ser solicitado por 10% dos eleitores.

Para que os resultados de um referendo sejam válidos devem nele votar pelos menos 40% dos eleitores inscritos (quorum).

Não podem ser submetidas a referendo matérias relativas ao orçamento, aos impostos, ao crédito público e à anistia; bem como as leis que protejam, garantam, ou ampliem os direitos humanos.

A Constituição Venezuelana permite a revogação de mandato em todos os cargos e magistraturas eleitas, inclusive do Presidente da República, pela solicitação de um número não inferior a 20% dos eleitores inscritos na circunscrição correspondente.

A revogação de mandato se dará se o número dos que votarem pela revogação for superior aos votos obtidos pelo eleito na sua eleição original, sendo necessário um quorum mínimo de 25% de participação.

Os cidadãos venezuelanos têm direito de iniciativa legislativa e popular (0,1%).

Também podem promover uma reforma constitucional mediante abaixo-assinado por 15% dos eleitores inscritos.

III - Críticas à Democracia

Democracia: mito da infalibilidade e da eficiência

Vivemos em uma democracia. Platão dizia que a

Democracia é o menos pior dos regimes políticos.

A Grécia dos filósofos criou-a, mas, não a adotou,
preteriram-na à República.

Assim como os romanos.

Longe de ser perfeita ou adequada.

Nenhuma empresa (poucas delas) adotou-a, as empresas
são dirigidas de modo antidemocrático e autoritário em
nome da sua eficácia, eficiência e efetividade.

Não existem eleições democráticas para presidente nem
para o proprietário na maioria das empresas.

Lidera-a quem possui mais ações da companhia ou é mais
competente.

As empresas são meritocráticas, ou, de berço
(hereditárias).

As pessoas não pensam nisso, mas, os políticos eleitos
estão lá no poder não pela sua competência em comandar,
se fosse assim (se as pessoas vivessem fielmente a
democracia) os passageiros dos aviões elegeriam entre eles
um dentre para pilotar o avião.

Diferentemente da competência dos pilotos para conduzirem o avião, os governantes estão lá pela sua credibilidade, pela legitimidade, pela sua capacidade de inspirar confiança e respeito aos eleitores.

Por isso se espera deles honestidade acima de qualquer outra qualidade.

Feito o preâmbulo para dizer que quando alguém em uma reunião, seja na NSA ou no FBI, tem uma opinião, ela pode ser minoritária, e nem por isso ser a errada.

Porém, em uma assembleia ou em um fórum democrático as "eventuais" bobagens majoritárias trazem o élan da verdade, como em uma eleição para cargos públicos.

Maioria traz a legitimidade.

Não a verdade.

Necessariamente.

É o mito da maioria.

Este é o problema da democracia.

Mas, duvido que alguém entre em um avião e aceite ser pilotado por um dos passageiros eleito para comandá-lo.

Mas isto não é democracia?

(Exemplo adaptado do diálogo de Platão Livro VIII, República de Platão)

A eleição é um campeonato de popularidade e de simpatia, ganha-a quem tem carisma ou mais credibilidade.

São muitas as razões para se eleger alguém, quase nenhuma delas se refere à competência.

Necessariamente.

Se as pessoas gostassem de competência os programas de mídia vitoriosos seriam de Filosofia ou de Matemática, talvez de Química.

As pessoas preferem os Reality Shows, na verdade, são falsos shows, de uma falsa realidade onde pseudoartistas ou pessoas que fingem não serem artistas, ou atores que fingem ou representam papel de amadores, fingem não estarem representando, com a falsa-naturalidade de quem finge não estar sendo observado por milhões de pessoas, em sua naturalidade espetacularesca.

Como diria o mestre-doutor em mídia e política, Prof. Venícius Arthur de Lima UnB, **tudo na mídia vira espetáculo, dos telejornais, às novelas, passando pelos Reality Shows**.

Os políticos bem sucedidos sabem dominar a arte da representação do Cenário de Representação Política, como diz o Prof. Venícius, onde o papel da mídia é o de reforçar ou de refazer as representações trazidas ao contexto midiático dentro de cada gênero midiático.

A luta contra a mediocridade que não respeita o passado nem a experiência relembra a primeira Lei ou o primeiro princípio da Termodinâmica (Entropia negativa), que também é a primeira lei da Teoria dos sistemas gerais de Bertalanffy:

O universo tende para o caos; trocando em miúdos: a energia, uma vez criada, não pode ser destruída, ela vai para algum lugar trazer perturbações.

A primeira consequência deste princípio da Termodinâmica é que a ordem é contrária ao universo.

O universo foi formado dos resultados das colisões e das explosões de estrelas e de corpos celestes, ao contrário do significado da palavra grega "cosmos" que significa harmonia – o universo está longe de ser o lugar da harmonia, como o foi descoberto após a criação do telescópio Hubble.

Isto quer dizer que nada flui espontaneamente para a ordem e a para organização no universo, tudo converge para o caos, automaticamente e naturalmente, se for deixado ao acaso.

Ao contrário do pensamento ecológico, a natureza em seu caminho natural tende a uma inflação de energia desordenada e desorganizada.

Para produzir a ordem e a organização são necessários dois insumos:

a) Inteligência e

b) controle.

Para o controle se efetivar é necessário informação, e pela informação controles são acionados para corrigir através do feedback os desvios desorganizadores que podem ser destrutivos e desestruturadores do sistema.

Portanto, vigilância e controle permanentes são necessários para manter o sistema em sua integridade.

Nada disso está assegurado apenas com a democracia, pois para cada grau a mais de liberdade exigem-se muito mais controles reduzindo estes graus de liberdade.

Liberdade e controle andam em lados e sentidos opostos.

Democracia e racionalidade coletiva vivem em permanente conflito de racionalidade.

O ser humano não é capaz de, utilizando apenas a sua racionalidade individual (OLSON, Mancur. Lógica da Ação Coletiva), produzir, coletivamente, a racionalidade social, seria lutar contra as suas próprias expectativas individuais, pois ele seria incapaz de ver o bem comum a partir de sua ótica, este objeto virtual que pertence a todos e não pertence a ninguém individualmente, logo, não traz vantagens pessoais para todos individualmente, mas afeta a todos.

As pessoas sujam as ruas por que a rua não é sua propriedade particular, também não pertence a ninguém individualmente, e ao mesmo tempo pertence a todos, de modo que cada um não vê em que a sua contribuição poderia aumentar significativamente a sujeira total, mas, se ninguém a sujasse, mesmo que muito pouco, as ruas ficariam incrivelmente limpas, mas é impossível ao indivíduo atomizado perceber a sua contribuição para o caos higiênico da rua.

Assim acontece com o cálculo do eleitor com relação ao seu voto individual.

Esta irracionalidade coletiva se opõe à racionalidade individual, assim, a rua permanecerá eternamente suja, apesar de ninguém assumir a sua contribuição para o caos dela.

A racionalidade coletiva tem de ser imposta de cima para baixo, ela não nasce espontaneamente nem de baixo para cima, nem do individual para o coletivo.

Para isso, muitas decisões de liderança precisam ser antipopulares e muitas vezes antidemocráticas, como, por exemplo, a vacinação obrigatória, que no século passado, mereceu protestos de ninguém menos do que do maior jurista do mundo, Rui Barbosa, que acusou o Estado de estar violando o direito legítimo do cidadão de dispor de seu próprio corpo, contra o Estado, mas, em nome do bem comum o Estado violou este princípio, porque o bem estar coletivo se sobrepõe ao bem estar individual.

Ademais o indivíduo nunca pode saber exatamente o que é bom para si, faltam informações em quantidade, qualidade e capacidade técnica, científica e por vezes intelectuais para interpretar estas informações, como, por exemplo, na escolha de um computador pessoal, de um automóvel, de um remédio ou de uma profissão.

As escolhas que dependem desta racionalidade individual levam ao irracional coletivo.

A racionalidade coletiva depende da interferência do gerenciamento político que se sobrepõe aos desejos imediatistas e individualistas que são incapazes de perceberem os benefícios coletivos advindos de outra possibilidade para além do que o seu horizonte pessoal permitiria por si só sem contrariar a sua racionalidade individual.

Seria um contrassenso o indivíduo se sacrificar sem perceber de imediato as vantagens que o seu sacrifício representaria para o todo, e consequentemente, para si.

Poucos abnegados são capazes de aceitarem este sacrifício.

Somente os indivíduos altruístas conseguem fazê-lo.

É claro que seria possível hoje, mais do que nos tempos da democracia direta grega (Demoex, por exemplo), que tivéssemos uma democracia participativa, se os políticos quisessem, o único elemento excludente seria o acesso à internet dos excluídos digitais, mas, eles nem sequer atingiram a plena cidadania.

É um dos ônus, dos menores, a pagar.

Se qualquer governante quisesse bastava recorrer aos milhões de sites de fóruns internetianos para, digamos, debater sobre a conveniência de se iniciar uma nova obra pública, um projeto ou atividade orçamentária da política municipal, estadual ou federal.

No tempo da democracia direta grega, na ágora nem havia sistema de som com amplificação, mesmo assim ela persistiu, não havia diários, nem estações de rádio e televisão!

Imaginem se os gregos dispusessem destes sistemas de comunicação de massa!

O tema principal deste debate, ou de qualquer outro sobre democracia teria que remeter ao conceito de Dominação de Max Weber.

O processo democrático esconde uma grande dificuldade, na verdade, um dilema paradoxal instransponível, porque é antagônico, antinômico e dialético.

Para transcender-se ao processo dialético há que se seguir a regra do método de Heráclito, o qual seria fundir-se a tese à antítese, gerando o novo que seria a nova síntese haurida de elementos tanto da tese quanto da antítese.

A democracia, como um processo político, exige a existência de parceiros homogêneos na divisão do poder.

Hamilton chamou este processo de governabilidade de Checks and Balances, ou seja: os três poderes seriam

- autônomos,
- equilibrados e
- interligados

de maneira que cada qual pudesse controlar-se e fiscalizarem-se uns aos outros.

Ora, se isso acontecer, o executivo perde parte de sua governabilidade, pois que para cada passo e decisão implementada teria os seus empreendimentos

- checados,
- verificados,
- fiscalizados e
- ponderados

pelos seus parceiros de divisão de poder.

Isso tem obrigado o executivo a fazer diversas manobras táticas, algumas delas legais, outras ilegais, imorais e desleais, tais como:

A) Cooptação;

B) Suborno;

C) Pressão;

D) Barganha;

E) Ameaças;

F) Chantagens;

G) Trocas de favores;

H) Persuasão;

I) Recrutamento de seguidores;

J) Disputas em geral.

Tudo isso pode, no mínimo, destruir o desejado equilíbrio hamiltoniano (Alexander Hamilton) democrático, assim, o processo, democrático ele mesmo, é a maior causa da ingovernabilidade.

Daí o paradoxo da democracia.

Se as instituições democráticas funcionarem a pleno acabam inviabilizando o executivo.

O remédio para os problemas da democracia é a ditadura.

Pelo menos se recorre constantemente às medidas antidemocráticas como, por exemplo, os decretos-leis, medidas provisórias todas as vezes que se quer resolver uma crise ou dotar o sistema político de meios mais governáveis.

A tirania é mais eficiente forma e instrumento de governança.

Para mim, este é o conceito mais completo sobre política.

Sem a dominação não se obtém a legitimidade para estabelecer a hegemonia, quer seja do chefe em uma instituição sobre os seus subordinados, quer seja em uma penitenciária, seja em Guantánamo ou em Bangu, quer seja de uma tirania seja de Sadam Hussein ou dos comandantes das FARC, enfim para se conseguir a obediência há que se conseguir a dominação, que é a força capaz de obter a subordinação da vontade em obedecer.

Em uma tirania, pode-se conviver durante muito tempo com as revoltas e tentativas de golpes, ou pode-se obter a obediência direta, sob coação e coerção, mas nada garante a continuidade deste processo, e os custos crescentes diretos e indiretos para se mantê-lo.

É neste ponto que se estabelece a única vantagem da democracia e do liberalismo.

Existe um pacto de obediência compulsória e de adesão voluntária ao dirigente escolhido por um processo que Weber chamou de dominação, o qual tende a ser do tipo dominação racional-legal.

Podem existir outras variantes de dominação também democráticas ou toleradas em uma democracia como aquelas dominações provenientes do carisma e da tradição.

Acrescentaria também a dominação meritocrática a qual deriva do conhecimento especializado, a dominação consensual a qual derivaria das relações sentimentais, e a dominação formal baseada na posição midiática conferida pelas celebridades de todo o gênero.

A democracia moderna depende da aceitação por parte da maioria que se transforma segundo Rousseau na vontade-geral através do artifício da legitimação pelo procedimento legal, aceito formalmente pelos aderentes do contrato social que abrange a todos e não exclui ninguém (Rousseau).

A democracia precisa de um processo plebiscitário que não implica de modo algum em garantia da melhor escolha, não é este o seu objetivo, senão subordinar o resultado à legitimação do escolhido e ungido (ou do projeto ou programa de governo ou de ação) pela escolha da maioria.

Nós sabemos como a maioria quase sempre está longe da informação, da qualidade e do conhecimento especializado.

Este é o enorme defeito da democracia: mais popular e menos perto da meritocracia.

A prática política tem apontado que o remédio para uma democracia claudicante ou em crise tem sido a tirania, mesmo que provisória e temporária.

A democracia tem se valido da tirania para consertar os seus males.

O remédio da democracia é a ditadura (PLATÃO, livro VIII, República de Platão).

Ditadura sem dominação não tem sustentabilidade, daí o caráter plebiscitário e populresco da legitimação do processo eleitoral que conduz à governabilidade democrática, e sem poder sair deste círculo vicioso a democracia persegue dialeticamente seu ideal de estabilidade num devir contínuo, turbulento e eterno.

IV - Governança e Governabilidade

Durante todo o ciclo de existência da Disciplina Ciência Política desde a sua criação como um ramo novo da Sociologia Política ou da Psicologia Social tem-se glorificado e mitificado o conceito de democracia direta com base no histórico da democracia grega da época dos filósofos, cerca de 500 anos antes da Era chamada Cristã.

Nunca houve controvérsia de que uma vez existiu um período na História grega onde os cidadãos reuniam-se na ágora para discutirem e decidirem em assembleia os destinos administrativos e políticos da cidade-estado grega no que se classificou didaticamente sem controvérsias até então como um processo de democracia direta.

O sentido antigo da palavra democracia denotava igualdade entre os participantes e também exigia a presença física dos cidadãos no comando da ação política no, e, do Estado ali representado pela cidade–estado grega. A Democracia nasceu da junção dos conceitos: (demo = distrito) + (cracia = governo), sem intermediários, na chamada democracia direta, popular, indivisível, unitária e igualitária. Estes conceitos utópicos e gerais, distrito e governo, dificilmente conseguiriam uma unanimidade entre os teóricos como critérios para os constructos teóricos que possam subsidiar categorias analíticas ontológicas para alicerçar a Ciência Política ou qualquer outra ciência ligada ao comportamento social.

Seria difícil, senão impossível, definir-se o que seriam os conceitos de povo e o conceito de governo.

Como seria tal definição de povo capaz de ser identificada univocamente, de acordo com as expectativas de cognição perceptíveis sobre tal objeto ou fato sociológico que é o povo.

Quem é o povo, como seria o povo conceitualmente?

O conceito de igualdade, em qualquer gênero ou situação, é uma das utopias mais indefiníveis e improváveis que se possa construir no âmbito teórico de qualquer ciência (metafísica, empírica ou dialética), exceto naquelas abstratas e simbólicas-puras como, por exemplos, a Matemática e a Geometria, por que ambas se afastam do mundo real para cingirem-se ao mundo da representação abstrata e ideal, contrariando um dos legados da dialética que diz que: "na natureza nada se repete, tudo muda constantemente", facilmente e intuitivamente verificável mas metodologicamente não-simbolizável e indemonstrável como um axioma autojustificável (dedutivismo ou indutivismo), a qual recai numa regressão ao infinito típica daquela armadilha ditada pelos limites práticos do empiricismo em seu contexto de justificação: é um conceito intuitivo como é também todo conceito dedutivo.

Já o conceito de povo se nos arvora ter que decifrá-lo diante de nebulosas perspectivas filosóficas e sociológicas que abundam nas diversas teorias sobre o conceito de massa, sobretudo na literatura técnica geralmente enriquecida pelas ideologias que se prevalecem da teleologia para justificarem as suas escolas conceituais, que no fundo são escolhas ad hoc meramente autorais.

Para não deixar de falar sobre o conceito de povo escolheria a rica abordagem feita pelo italiano Pareto, economista e sociólogo, que criou o conceito dual de elite / massa, como se vê, é apenas uma escolha pessoal como todas ou outras escolhas possíveis.

Pareto vê a sociedade sempre dividida naturalmente em duas partes: entre uma elite dirigente e a massa.

Esta massa seria o povo separado da elite dirigente por um sistema de privilégios que identificam a elite em suas prerrogativas.

Diz este conceito que as elites são necessárias e obrigatórias, mas estas elites devem ser naturais e meritocráticas para serem competentes e merecerem a legitimidade das massas.

A massa seria indistinta, por isso teoricamente igualitária.

Em algumas teorias estas massas poderiam assumir gradações conforme aumente a sua capacidade de ação através de privilégios crescentes, formando degraus determinados pelo acesso diferenciado aos recursos de poder da elite, formando divisões em classes sociais diferenciadas, ou, em outras sociedades estamentais, formadas pela divisão em castas sociais.

No limite, e já extrapolando da teoria paretiana, poderíamos ter classes superiores e inferiores dentro do sistema de classes: as subelites, e, estas classes mais no topo formando um sistema de superelites dominantes sobre as subelites inferiores e sobre a massa.

Karl Marx pode perceber apenas duas categorias sociais a dividirem a sociedade divergente e diversa, entre: os proletários e os capitalistas.

Os proletários seriam a povo, e os capitalistas seriam a elite.

Uma terceira categoria marxista seria formada pelos marginalizados chamados de párias ou lumpesinato sem classe.

Na idade média poderíamos observar um sistema de divisão de poder entre as elites do clero e da monarquia, e abaixo, os servos e vassalos.

No précapitalismo imperialista colonial poderíamos perceber a divisão da sociedade entre: colonizadores, escravos, plebe e os nativos indígenas ou autóctones.

Como se viu, tarefa complexa é caracterizar inequivocamente o que seria o povo.

Ao definir o conceito de governo novamente nos vemos em outro cipoal de teorias e de definições escolhidas de acordo com a teleologia e o gosto do analista, todas as escolas imersas em compromissos

- ideológicos,
- etnológicos,
- religiosos,
- políticos,
- econômicos,

e assim não passam de meras escolhas.

Os sistemas de governo em geral são descritos pela forma de governança e de governabilidade que os caracterizam.

GOVERNANÇA

A governança é a capacidade para se dotarem de sistemas de

- representação,
- de instituições
- e processos,

de corpos sociais, para elas mesmas se gerirem, em um movimento autônomo.

Esta capacidade de

A) consciência (o movimento autônomo),

B) de organização (as instituições, os corpos sociais),

C) de conceitualização (os sistemas de representação),

D) de adaptação às novas situações

é uma característica das sociedades humanas.

É um dos traços que as distinguem das outras sociedades de seres vivos, animais e vegetais.

A Governança Corporativa

visa a aumentar a probabilidade dos fornecedores de recursos garantirem para si o retorno sobre seu investimento, por meio de um conjunto de mecanismos de Administração.

A segurança jurídica e constitucional.

São estas as instituições de Bretton Woods

- – Banco Mundial,
- -Fundo Monetário Internacional
- – Declaração Universal dos Direitos do Homem,

que a puseram na moda.

A governança engloba, com efeito, o conjunto dos poderes

A) legislativo,

B) executivo e

C) judiciário,

D) a administração,

E) o governo,

F) o parlamento,

G) os tribunais,

H) as coletividades locais,

I) a administração do Estado,

J) a Comissão Europeia,

K) o sistema das Nações Unidas...

A emergência progressiva dos Estados, dos princípios e das modalidades de governança pacífica, em sociedades sempre mais povoadas e sempre mais complexas, são os sinais, e para alguns, a própria definição da civilização [1].

Ora, o corporate governance consiste, precisamente, na criação de mecanismos tendentes à minimização da assimetria de informação existente entre a gestão e os detentores da propriedade ou de interesses relevantes (daí ter-se evoluído da consideração dos shareholders para outros stakeholders), de forma a permitir uma monitoração tão próxima quanto possível da associação dos objetivos da gestão àquela dos stakeholders: maximizar o valor da empresa.

GOVERNABILIDADE

Governabilidade é o conjunto de condições

- (instrumentos,

- mecanismos,

- regras e instituições)

  necessárias ao exercício do poder.

- Compreende a

- forma de governo,

- as relações entre os poderes,

- o sistema partidário

- e o equilíbrio entre as forças políticas de oposição e
  situação.

  Diz respeito à capacidade política de decidir.

  A Governabilidade expressa a possibilidade em abstrato de
  realizar políticas públicas.

  Governabilidade, assim, diz respeito às condições
  estruturais e legais de um determinado governo para
  promover as transformações necessárias.

  Já a Governança está relacionada à capacidade de colocar
  em prática as condições da Governabilidade.

  Governança é o potencial para transformar o ato
  governamental em ação pública, capaz de articular as ações
  do governo.

  A Governabilidade deriva, ainda, da legitimidade dada pela
  sociedade ao Estado e a seu governo, enquanto a

Governança é a capacidade abrangente financeira e administrativa de uma organização de praticar políticas.

Sem condições de Governabilidade é impossível uma adequada Governança, embora esta possa ser deficiente.

Por outro lado, uma boa Governança pode aumentar a legitimidade que um povo confere a seu governo, aumentando, assim, a Governabilidade do país.

Nota-se, portanto, que

A) Governabilidade tem a ver com processo e
B) Governança com tem a ver com estrutura.

- A segunda significa a existência de um arcabouço político, jurídico e social que permita a elaboração e o implemento de políticas públicas.
- A primeira, a capacidade do governo de bem administrar, articular os diversos interesses existentes e efetivamente implantar essas políticas.

• GOVERNANÇA (governo): CORRESPONDE À SUPERESTRUTURA (estática) DO ESTADO.

• GOVERNABILIDADE (administração): CORRESPONDE AO PROCESSO (dinâmica) DE COLOCAR EM PRÁTICA O COMANDO DO ESTADO.

• CAPACIDADE GOVERNATIVA (estratégia administrativa).

Sem mencionar as outras categorias teóricas variadas podemos resumir em apenas dois os tipos possíveis de governabilidade ao longo da história política das civilizações organizadas humanas, generalizando-as em dois grupos mais includentes possíveis que poderiam sintetizar e descrever completamente em linhas gerais as habilidades de percepção do que seria um governo, em todas as suas nuances:

- Oligarquia e
- Poliarquia.

Mesmo sendo genérico não se perde na generalização a qualidade ou os elementos fundamentais cognoscíveis do constructo "governo" como conceito teórico.

Democracia Direta: um mito que precisa ser desfeito

Virou um mito acreditar que durante um único período da História que se deu cerca de 2500 anos passados aproximadamente, nas cidades-estados gregas, durante a era dos filósofos, um processo caracterizado como democracia direta tenha existido.

Neste processo chamado de democracia direta, os cidadãos reuniam-se na praça, chamada ágora, para decidirem e executarem as ações concernentes aos atos administrativos e políticos sem intermediações ou mediações de outras instituições.

Para participar da democracia direta o requisito exigido era ser um cidadão grego.

Para serem reconhecidos como cidadãos atenienses eram necessários:

1. o ser do sexo masculino;
2. o não ser escravo;
3. o possuir certo nível de renda;
4. o ser alfabetizado;
5. o não ser estrangeiro.

A questão que enfraquece a tese da existência da democracia direta na Grécia da era dos filósofos é: qual a proporção de pessoas na população que fazia parte da democracia direta, sem transformá-la em uma elite restrita dirigente, representativa, indireta e impopular?

A hipótese que se levanta nesta dissertação é que na falada democracia direta grega havia menos representatividade do que existiria na democracia moderna atual, quiçá menos do que na República Romana e suas instituições políticas de governança senatorial.

Vamos tentar quantificar através da qualificação dos requisitos exigidos para a participação na democracia direta grega.

A) O critério de gênero excluía 50% dos habitantes, já que não eram do sexo masculino, pelo primeiro critério;

B) a seguir o segundo critério excluiria uma nova proporção dos homens que eram escravos;

C) o terceiro critério excluiria uma parcela majoritária da população que não possuía renda qualificada, os pobres e miseráveis;

D) e por último o critério da escolaridade excluía uma parcela residual, porém significativa apesar a existência do ensino público inventado pelos gregos.

O fato relevante, mas completamente ausente dos estudos sobre democracia grega ignora um elemento prático determinante para a realização das assembleias democráticas populares, majoritárias públicas e gerais: como reunir centenas, talvez milhares de pessoas, em uma praça ou em um recinto fechado em grandes multidões em um momento em que não existiam sistemas de amplificadores do som para que os participantes pudessem ser ouvidos pela plateia?

Este último fator é o tiro de misericórdia na última possibilidade de existência de uma democracia direta de massas:

não existiam mídias de massa na era antiga,

- grandes jornais,
- livrarias,
- editoras,

- imprensa,
- rádios,
- televisões

o que inviabilizaria a participação em massa da classe política e menos ainda da participação popular na mitológica democracia direta de massa grega.

Tudo não passou de calendas, esta história de democracia direta, na verdade, nesta história de democracia grega.

Isto nos traz de volta à questão do conjunto universo de sistemas de governo possíveis, reunidos ou resumidos em duas formas:

- Tirania;
- Parlamentarismo.

Ou se tem uma tirania

A) (oligarquia,
B) monarquia,
C) ditadura,
D) presidencialismo puro),

ou se tem um parlamentarismo

- (poliarquia,
- bipartidarismo,
- multipartidarismo).

A consequência de se tentar fugir destas duas alternativas é a crise do presidencialismo, que se tenta resolver por cooptação ou pela corrupção dos parlamentares.

Cooptação ou Corrupção

Estas duas alternativas de instrumento de governança destroem o pretendido sistema de pesos e balanços entre os poderes e retira um do outro as suas funções institucionais respectivas:

A) Governar,

B) controlar,

C) legislar.

- 1 – O poder executivo legisla;
- 2 – O poder legislativo desgoverna e bloqueia o executivo;
- 3 – O poder executivo coopta os parlamentares, ou os corrompe;
- 4 – O poder legislativo obstrui, solapa e controla de modo a paralisar o poder executivo.

A questão é: como obter a governabilidade, em equilíbrio, ou, qual seria o melhor sistema de governo mais estável: Tirania ou o parlamentarismo, como únicas alternativas de fato presentes no materialismo histórico da humanidade?

Em primeiro lugar, tomando da disciplina Dinâmica da Física emprestadas as definições de sistemas em equilíbrio, apenas para argumentar, recordamos que existem quatro situações possíveis de equilíbrios:

- Equilíbrio instável;
- Equilíbrio estável;
- Equilíbrio dinâmico;
- Equilíbrio indiferente.

No sistema em equilíbrio instável

- à semelhança de um cone que se pode apoiá-lo de lado ou de base, nunca pelo vértice, para se obter determinados graus de liberdade em equilíbrio, mas não todos os graus de liberdade de movimentos possíveis.

No sistema em equilíbrio estável

- a semelhança de uma esfera perfeita onde qualquer posição permite encontrar-se o perfeito equilíbrio em todos os graus de liberdade de movimentos, desde que em um plano perfeitamente horizontal.

No sistema em equilíbrio dinâmico

- a semelhança de uma bicicleta somente em movimento, giroscópico-pendular, se consegue manter o equilíbrio com certos graus de liberdade de movimento.

No sistema em equilíbrio indiferente

- o sistema sempre procura adaptar-se às situações diversas independentemente da posição em que se encontra com todos os graus de liberdade de movimento, como encontrado em uma massa mole flexível, em qualquer tipo de plano de apoio.

A governabilidade típica da tirania é obtida por rupturas bruscas nos movimentos como no equilíbrio estável.

A governabilidade típica do parlamentarismo é obtida de modo dinâmico através de correções contínuas na governança, semelhantemente ao sistema em equilíbrio dinâmico.

O sistema presidencialista obtém a sua governabilidade à semelhança de um sistema em equilíbrio instável, onde admite apenas alguns graus de liberdade, e onde existem algumas posições de busca do equilíbrio impossíveis, com no vértice do cone.

A maneira única de se obter o equilíbrio no sistema presidencialista seria a governança obtida pela participação no executivo de todas as forças partidárias de apoio e de oposição ao governo, e isto seria um governo de coalizão total, típico de alguns tipos de regimes de gabinete parlamentaristas.

V - Seria o OP uma semi-ONG – semi Organização Não-Governamental?

V.I – Introdução

Segundo alguns estudos de alguns dos projetos financiados pelo Banco Mundial[1], as ONG's participaram como entidades implementadoras dos projetos em 57% dos casos, comparado com os 11% dos casos onde as ONG atuam como entidades que participaram da elaboração dos mesmos.

Isto sugere que, para os organismos governamentais, é mais atrativo dividir tarefas ou serviços com as ONG do que fazer uma divisão de poder entre Estado e ONG.

Durante[2] o início da segunda metade do século XX os governos recusaram as demandas provenientes dos movimentos sociais e ONG's por participação e transparência no desenvolvimento dos programas sociais, fazendo com que os mesmos movimentos sociais e as ONG sofressem de controle estatal estrito.

Os governos vêm reconhecendo que estas demandas se baseiam não no reconhecimento da participação como um direito dessas entidades, mas sim, como um mecanismo de continuar exercendo o poder sobre as mesmas.

Desse modo, em muitos casos, a participação das ONG's é limitada - através de um processo de cooptação - por aqueles que possuem os recursos financeiros (governo e agências de cooperação).

Apesar disso, com o processo de democratização há interesse do governo pelas ONG's, os efeitos dessa transição (por mais participação e transparência) [3] têm sido mais formais do que reais.

O estudo das relações Estado-ONGs no Brasil pode ser concentrado em três aspectos:

A) a questão do legado ou herança política,

B) as questões de autonomia, e,

C) de transformação institucional.

Vai-se analisar e extrair-se do contexto histórico e político do momento em que as ONG's surgiram, assim, como a forma como vem desenvolvendo-se o relacionamento das ONG's com o Estado.

Durante o período da ditadura militar de 1964, as interações entre o Estado e as organizações sociais foram marcadas por quatro características tradicionais:

A) patrimonialismo

B) clientelismo,

C) autoritarismo,

D) cooptação e

E) manipulação política [4].

Estas características fizeram com que, muitas vezes, o Estado fosse visto como um adversário pelas ONGs, sendo o responsável pelas dificuldades sócioeconômicas da população.

Com a transição democrática, há uma reaproximação das relações entre o Estado e as ONGs, no entanto, com uma participação ainda limitada por parte das ONGs.

O que sugere que muito dessas características do período ditatorial continuam presentes até hoje.

 O outro aspecto importante nas interações Estado-ONGs é a questão da autonomia dessas últimas.

Acredita-se que ONGs que trabalham em bases mais autônomas, tenham mais capacidade de resistir à hegemonia governamental, agindo de forma mais ideológica em suas relações com as agências governamentais.

É contraditório para uma ONG criticar, ideologicamente, programas governamentais se esta estiver financeiramente dependente do governo.

Em países fora da Europa Central, grande parte dos recursos financeiros das ONGs é proveniente dos contratos de "parceria" com o governo.

Com isso, essas organizações têm "confiscado" seu direito de se apresentarem como verdadeiras ONGs, com uma ótica ideológica própria, pelo fato de perderem uma de suas características principais, que é a independência [5], consequentemente perda de autonomia.

Isto nos remete a outra questão da autonomia das ONGs que é o problema da autossustentabilidade.

Os recursos financeiros das ONGs neste caso são limitados, sendo repassados pelos órgãos financiadores - governo e agências de cooperação internacional - basicamente para a execução de projetos, sem passar pela questão do fortalecimento da instituição.

Por fim, a questão da transformação institucional é outro aspecto a ser analisado nas interações Estado-ONGs.

Dessa forma, quais são os métodos ou mecanismos presentes para aumentar a participação das entidades civis?

O que deve ser feito para terminar com o legado autoritário e clientelista que nos foi herdado do regime autoritário?

Esta transformação institucional [6] deve ser baseada em mecanismos de descentralização na formação e execução de políticas públicas, em relações descentralizadas entre o Estado e sociedade civis através de canais descentralizados e desconcentrados, ou comunitários.

Isto com os objetivos de aumentar a transparência da administração pública, estreitar a distância das soluções às demandas populares e garantir formas de participação mais efetivas e democráticas.

Baseado na premissa da solidariedade e da cooperação voluntária, assim, o chamado Terceiro Setor vem desenvolvendo-se no mundo, tornando-se parceiro no desenvolvimento da sociedade.

Faz parte de uma noção tripartite cujas partes envolvidas são o Estado, o mercado com sua lógica capitalista (clássica, neoclássica ou keynesiana), e, a comunidade de voluntários, que coordenados oferecem meios alternativos para a resolução ou encaminhamento dos problemas da sociedade.

As Organizações Não-Governamentais ONGs, são parte dos agentes político-sociais do Terceiro Setor (as fundações, os institutos, as associações comunitárias, as entidades de serviços sociais, as associações de classes, as entidades religiosas e as comissões de defesa dos direitos do cidadão) organizadas sem fins lucrativos.

As ONGs atuam no que pode ser identificado como sendo o conjunto de atividades das organizações da sociedade civil, portanto organizações criadas por iniciativas (privadas) de

cidadãos, que têm como objetivo a prestação de serviços
ao público

A) (saúde,

B) educação,

C) cultura,

D) habitação,

E) direitos civis,

F) desenvolvimento do ser humano,

G) proteção ao meio ambiente [7]).

Historicamente [8] as entidades do Terceiro Setor emergiram com autonomia em relação ao Estado, cultivando, em muitos casos, um distanciamento e até hostilidade com relação ao Estado.

Nos países da Europa Central o processo democrático garantiu às entidades do Terceiro Setor a manutenção de suas autonomias, ao mesmo tempo em que tornou possível um maior estreitamento e cooperação nas suas relações com o Estado.

Já nos países periféricos, a retomada da democracia, retomada interrompida por períodos de ditadura, fez com que as relações entre o Estado e o Terceiro Setor fossem gradualmente descontínuas, tais relações variando desde a proibição ou severa limitação das atividades das organizações não-governamentais, até a conversão das mesmas em apêndices ou instrumentos do Estado.

O Terceiro Setor [9] é constituído de um vasto conjunto de organizações sociais que não são nem estatais nem mercantis, e que podem exercer funções tradicionalmente atribuídas ao Estado. De acordo com a Medida Provisória nº 1591, de 09 de outubro de 1997, define-se operacionalmente as organizações sociais como sendo:

> "Pessoas jurídicas de direito privado, sem fins lucrativos, voltadas para atividades de relevante valor social, que independem de concessão ou permissão do Poder Público, criadas por iniciativa de particulares segundo modelo previsto em lei, reconhecidas, fiscalizadas e fomentadas pelo Estado" [10].

Dessa forma, diversas entidades encontram-se neste setor, tais como:

A) entidades assistencialistas (orfanatos, asilos, hospitais),

B) sociedades científicas,

C) organizações não-governamentais (ONGs),

D) grupos de autoajuda,

E) sindicatos,

F) associações esportivas,

G) de bairro,

H) fundações privadas, entre outros.

 Na América Latina as organizações não-governamentais (ONGs) surgiram no final da década de 50.

As ONGs caracterizavam-se por serem organizações de natureza político-sociais, criadas por iniciativa de grupos de profissionais e técnicos de ativa militância social, ou de grupos pastorais da Igreja Católica.

Os grupos, predominantemente informais, desenvolviam trabalhos de formação e promoção de comunidades de base com setores marginalizados e tinham possibilidades de relacionamento com agências de cooperação europeia, de procedência católica, que financiavam suas atividades [11].

No Brasil, as ONGs fazem parte de um fenômeno iniciado nas décadas 50/60 – no intervalo entre o fim da ditadura populista de Getúlio Vargas e o início da ditadura militar de 1964 – em que a sociedade civil brasileira começara a organizar-se em projetos de associativismo relativamente autônomos e políticos.

Este fenômeno de infraestrutura poliárquica (pluralismo) – típica de sociedades onde opera a diversidade ou pluralidade dos centros de poder - estaria formando-se na diversificação e ampliação da ação coletiva, movimentos cooperativos, associações de utilidade pública e organizações não governamentais [12] na esteira da semente corporativista deixada pelo regime getulista.

Nesta fase as ONGs caracterizavam-se por serem lideradas por indivíduos provenientes da classe média intelectualizada e militante, que mais tarde iria defrontar-se com a ditadura militar iniciada com o Golpe de Estado em 1964.

Durante as décadas de 70 e 80, as ONGs subdividiram-se, inicialmente, entre dois campos de atuação:

a) as de desenvolvimento social, cidadania, defesa dos direitos humanos, e:

b) as ambientalistas ocupadas com questões relacionadas com a degradação e/ou preservação ambiental e ecológica no meio urbano e rural.

As ONGs ocuparam espaços de atuação em nível local, com projetos de curto alcance, ou de pouca visibilidade e coadjuvado com a presença da Igreja Católica.

Neste período 70%[13] dos recursos das ONGs eram provenientes de fontes não-governamentais, religiosas e de organismos multilaterais de cooperação internacional.

As relações com os órgãos oficiais ainda eram, para a maioria das ONGs, restritas ao mínimo, ou, nem existiam.

Então, a partir de 1988 multiplicam [sic] as referências na produção acadêmica, mídia impressa e eletrônica, sobre um conjunto de ações conduzidas por organizações não-governamentais (ONGs) enquanto indícios concretos de um processo de reconstrução da sociedade civil no Brasil ... parte de uma democracia recém conquistada no país [14].

V.II - O relacionamento entre o Estado e as ONGs é complexo.

Com o processo de democratização do sistema político, surgiram novas formas de relacionamentos entre os atores (agentes) políticos coletivos presentes na sociedade civil e o Estado.

Este relacionamento varia desde atividades de execução de serviços através de contratos firmados, até aquelas que envolvem uma mudança social e econômica mais ampla.

Isto abre um debate ideológico se as ações assistencialistas contrariam o ideal liberal, e, mais ainda, se pertence ao ideário socialista, liberalista ou comunitarista.

Em que âmbito se insere o Terceiro Setor no espectro conceitual ideológico-político.

A solução de Bentham para dilema social do altruísmo versus utilitarismo na versão liberal é que as pessoas, na sua grande maioria, são perfeitamente capazes de

* auto-regulamentação,
* autocontenção,
* autocontrole.

Para isto vir a verificar-se é preciso reduzir o poder do governo na direção do individualismo democrático:[15] obedecer pontualmente, para censurar livremente. Macaulay, Thomas Babington [16] (1800-1859) pensador contrário ao grupo dos utilitaristas (liberalismo), partiu deste conjunto de axiomas para fazer a refutação da teoria utilitarista com base nos princípios que engendraram a teoria utilitarista, principalmente aquele princípio segundo o qual as ações humanas seriam comandadas pela / para a busca da maximização do prazer caracterizando a racionalidade individualista.

Considerada apriorística, superficial e irrefutável (no sentido popperiano – anticientífico episemológico); um dogma não científico na perspectiva metodológica popperiana [17].

Não encontrava na análise histórica a prova de que as ações humanas no passado pudessem ser justificadas pelo princípio da busca exclusiva (hedonismo) do prazer, portanto o que não poderia ser comprovado factualmente que não passaria de conjectura solta num contexto subjetivo sem possibilidade alguma de uma generalização.

O N (de NÃO) da ONG insinua mais que distanciamento do Estado: insinua afastamento do controle do Estado.

Nasceu porque o Estado deixou de fazer a sua obrigação-vocação natural social.

Para isso as ONGs buscaram financiar-se fora do esquema estatal.

Daí o N de ONG.

Esta independência em relação ao Estado permite que a ONG advogue contra o próprio Estado, quando necessário defender interesses minoritários ou fora da agenda governamental, seja por motivos

A) político,

B) moral,

C) religioso,

D) sexista,

E) material,

F) étnico,

G) cultural,

H) regional,

I) etário,

ou quaisquer outras demandas que poderiam partidarizar, constranger ou contrariar o Governo.

No Brasil as ONGs surgiram justamente para auxiliar os perseguidos políticos ao tempo da Ditadura Militar dos anos 60, para isto as ONG eram obrigadas a executarem ações muitas das vezes ilícitas para protegerem os ativistas, perseguidos e vítimas políticas.

As ONGs contrariavam não somente os interesses políticos como também começaram a contrariar os interesses econômicos.

Com isso, estas ações incisivas contra interesses e as repercussões das ações das ONGs nesta época inicial de suas existências causaram repercussões no exterior e criaram constrangimentos e incidentes para a nossa diplomacia e para os nossos governantes.

Os Governos eram constantemente instados a mudarem as suas agendas quando em visita ao exterior e muito constrangido ter que dar respostas sobre torturas e desaparecimentos de cidadãos

- (presos políticos,
- militantes de esquerda revolucionária,
- guerrilheiros)

inimigos do Regime Militar.

A sociedade reconhece as ONGs pelo patrimônio ético que legaram nessa luta, e o resultado disso é que com esse apoio e com a força das pressões externas o Estado reconhece a ONG como um interlocutor privilegiado, e, consequentemente, passa a atrair as ONG para a sua esfera de controle, para

- domá-la,
- domesticá-la,
- controlá-la e
- direcioná-la, quiçá, absorver o seu prestígio ou parte dele.

Com isso o Estado estabelece uma expectativa de obter as seguintes vantagens:

a) Credibilidade;
b) Eficáfia;
c) Respeitabilidade;
d) Economicidade;
e) Especialização.

Como nem sempre consegue atrair as ONG para a sua esfera de controle então vamos avaliar as possibilidades de formação de uma aliança entre uma ONG e o Estado através do modelo matemático proposto por Sorokin, o qual permite avaliar e concluir que o Governo tentará formar parceria com a ONG, mesmo se não conseguí-la ele transferirá ajuda material para a ONG.

V.III - As variáveis deste modelo de Sorokin (Pitirim Aleksandrovich Sorokin) são:

a) Vantagens: 1. - Os serviços prestados pela ONG interessam ao governo;

b) Política 1. - A sociedade acredita mais nas ONG do que no Estado;

c) Econômica 1. - Os custos são infinitamente menores (políticos, sociais, financeiros, e materiais)

V.IV - Conclusões:

O Estado tenta atrair as ONG para a sua esfera de influência para tentar controlá-las de acordo com os seus projetos políticos, as ONG perceberam a sua importância para o Estado e resistem a este controle.

O Estado, por seu turno, desiste desta pressão e transfere apoio financeiro às ONG.

Modelo proposto por Pitirim Aleksandrovich Sorokin

As variáveis deste modelo de Sorokin (Pitirim Aleksandrovich Sorokin) são:

a) Vantagens: 1. - Os serviços prestados pelas Instituições Participativas - IP interessam ao governo;

b) Política 1. - A sociedade acredita mais nas IP do que no Estado;

c) Econômica 1. - Os custos são infinitamente menores (políticos, sociais, financeiros e materiais)

Conclusões parciais do modelo proposto:

O Estado tenta atrair as IP para a sua esfera de influência para tentar controlá-las de acordo com os seus projetos políticos, as IP perceberam a sua importância para o Estado e resistem a este controle.

O Estado, por seu turno, desiste desta pressão e transfere apoio financeiro às IP.

Parâmetros do algoritmo de Sorokin:

a) Concessões; - Recursos de poder, econômico, material, político e social que o governo transfere às IP;

b) Vantagens - Vantagens que o Estado obtém desta transferência de recursos;

c) Custos - Custos deste processo de concessões;

d) Investidas que o Estado faz para obter vantagens destas concessões.

O cálculo que o Estado faz para obter vantagens em uma parceria com a IP (aliança IP-Estado) depende das vantagens obtidas nesta relação, que podem ser:

I - O Estado obtém vantagens de qualquer jeito, então ele pode:

a) fazer aliança;

b) não fazer aliança, mas transferir vantagens para a IP
Neste caso: os custos podem ser altos, e neste caso o Estado tenha fazer concessões à IP, e no limite, fazer

investidas para atrair a IP se estes custos forem inferiores às vantagens e às concessões.

II - O Estado não obtém vantagens, mas precisa da IP

a) Neste caso: concessões serão feitas, e os custos não serão considerados, ou seja, os custos seriam elevados, pois o mais relevante é obter a participação da IP; ou;

III - O Estado não obtém vantagens e não precisa da IP

a) O Estado não fará concessões, e limitará os custos às vantagens equiparadas obtidas desta aliança, que será necessariamente estabelecida formalmente.

b) O Estado não faria investidas para obter a aliança com a IP Legendas:

E = Governo

B = Instituições Participativas

Casos: E > B

 (Te = 1)

Significa que E é hegemônico, prescinde de alianças;

E ≤ B

(Te = 2)

Significa que B é tão importante ou mais do que E para fazer ou não a aliança com E, baseada na expectativa de sua função utilidade;

B > E (Tb = 1)

B ≤ E (Tb = 2)

E não vai pressionar para formar uma aliança com

B (Te = 1)

por que:

$Xe < Ie + Cb$

Legenda usada:

Xe = Vantagens que E espera obter de B

Ie = Investimentos que E faz para atrair B

Cb = Concessões que B faz a E, para E não pressionar a

aliança com B

E pressiona a aliança de B

(Te = 2),

pois: $Xe > Ce$

E pressiona para obter a aliança com

B (Te = 3)

se: $Xe > Ce$

Com o controle de E sobre B

$Xe < Cb$

Sem o controle de E sobre B.

Cenário 1:

E = B Não existe superioridade, portanto, não há expectativa de formação da aliança.

Cenário 2:

E pressiona a aliança com B.

1 – E é bem-sucedido ---->;

B transfere vantagens Xb para E;

2 – E é mal-sucedido -----> B não transfere vantagens Xb para E.

(Como as utilidades são diferentes em relação a quem recebe, então: Xe é diferente de Xb,

ou, não necessariamente iguais).

Cenário 3:

Se $Xb < Cb$

então $B > E$.

($Tb = 1$)

Expectativa de B obter a sua aliança

Se $Xb > Cb$

então

$B \leq E$

($Tb = 2$)

A pressão de E para formar aliança com B pode ser:

1 – mal sucedida;

2 – bem sucedida.

Xb = custo de aliança

para B

Yb = concessões que B faz para E para evitar pressões de E sobre a aliança com B.

Utilidades das concessões:

Ye = valor das concessões para E

(Como E percebe esse valor recebido de B).

Yb = Valor das concessões para B.

(Como B percebe esse valor transferido para E).

(Ye diferente de Yb,

porque as utilidades para E e para B são diferentemente percebidas por cada um).

A existência de concessões pode não ser suficiente para evitar as pressões de E sobre a aliança com B,

assim como E pode não pressionar mesmo se receber concessões de B, se o custo das pressões for maior do que as vantagens que E pode obter de B.

Existem dois tipos de jogadores:

Caso 1:

E > B

(Te =1)

Caso 2:

E < B

(Tb = 1)

Caso 3:

E = B

(Te = 2, Tb =2)

Caso 1:

Quando E possui uma grande atuação no setor, o suficiente para ameaçar e recusar a aliança com B,

então E não ganha nada aceitando concessões de B para deixar de pressioná-lo

Caso 2:

B não forma aliança se o custo dessa aliança for superior às vantagens (Cb > Xb)

por isso E não pressionará B.

Caso 3:

A ausência de pressões não é necessariamente obtida se E não sabe se pode ser bem-sucedido se pressionar B, e, também E não sabe se os custos Cb da aliança são maiores do que as vantagens Xb que B pode transferir para E.

Com (Cb < Xb) não há pressões quando não há aliança e quando não há disputas entre E e B.

1 – Se Ce > Xe,

então E não pressiona B,

sabendo disso B não faz concessões a E.

2 – Se Ce < Xe,

então E pode pressionar por uma aliança com B,

mesmo que B faça concessões para E com a finalidade de desencorajar as pressões de E.

Porém, as pressões de E podem falhar.

Neste caso E poderá então tentar não pressionar a aliança com B,

esse é o caso em que B nunca fará concessões para E.

Quando o custo das pressões de E sobre B para formar aliança com B

(Ce < Xe)

com B fazendo concessões para E é menor do que as vantagens com as concessões de parte de B, e,

quando o custo das pressões para E formar a aliança com B é maior do que as vantagens sem concessões da parte de B,

E sabendo disso, B não deverá fazer concessões à E.

Tabela 3:

Predição dos resultados

Custo para E

Fonte: Sorokin

Jogo com informação incompleta:

Predições para a formação de aliança

Mensagens

(m): m = 1

B oferece concessões para E

m = 2

B não oferece concessões para E

B não sabe que tipo é esse E

(se Te = 1, Te =2, Te = 3)

o que faz da ação de B uma função m = Δ,

Tipo da ação

(a). Ações:

a = 1

B não forma aliança

a = 2

B forma aliança

E observa se B oferece ou não concessões, e usando as regras de Bayes decide se pressiona a aliança ou se recua.

Baseando-se nas crenças

(B):

p = crença de que

Te = 1

E > B

Probabilidade de B oferecer concessões a E

q = crença de que

Tb = 1

Ce > (Xe + Ye)

Probabilidade de E não pressionar por aliança com B.

 r = crença de que

Te = 2

(Ce < Xe)

Probabilidade de E pressionar a aliança com B.

Te = 3

(Xe < Ce)

sem concessões de B

Te = 3

(Xe > Ce)

 com concessões de B

E observa que B oferece concessões e conclui que B é menos poderoso que E.

Se B não oferece concessões,

E nada pode concluir sobre o poder de B.

A probabilidade de que

E > B

é dada por:

$(p)/((q + r) + P(1 - q - r)) = \Phi(1;1)\ \Phi(1;1)$

significa a crença de que

T = 1, e,

m = 1.

$\Phi(Te ; m)$

Para

m = 2

significa que concessões não serão feitas por B para E.

B pode pensar que E é suficientemente forte o suficiente para dispensar as concessões de B, ou pode pensar que E não pressionará sem receber concessões de E, dependendo do valor de Xb.

Dado as mensagens que E percebe de B,

E toma a decisão de maximizar as suas expectativas de sua função utilidade.

Se B escolhe a = 1,

B recebe um play off de zero.

A decisão de quando B forma a aliança é tomada pelo cálculo de sua expectativa de maximização da função utilidade seja positiva, ou negativa.

A formação da aliança terá sucesso somente com:

Te = 2 e

Tb diferente de 2.

$(E \leq B)$ e $(Cb > Xb)$

Essa expectativa de sucesso na formação da aliança é o produto

$\Phi(2; m)(1 - r)$

$\Phi(2; m)$

dois casos

$\Phi(2;1) = ((1 - p)(q + r))/((q + r) + p(1 - q - r))$

$\Phi(2; 2) = 1$

expectativa de fracasso na formação da aliança é pois:

$1 - [\Phi(2;m)(1 - r)]$

Quando $\Phi(2;1)(1 - r) > 0$

B irá formar aliança,

então:

$\Phi(2;1)(1 - r) = ((1 - p)(1 - r)(q + r))/((q + r) + p(1 - q - r))$

Onde: $(1 - p)$ ---> E < B $(1 - r)$ --->

E algumas vezes pressiona a aliança com B.

$(q + r)$ ---> E pressiona a aliança de B

p ---> E > B $(1 - q - r)$ ---> E > B,

E só pressiona a aliança com B se B fizer concessões para E.

Quando p tende à zero, o jogo passa a ser de informação completa, logo B tende a formar aliança.

Caso contrário B prevê um fracasso na formação de aliança.

Considerando os custos das pressões Cb para B e as vantagens obtidas por B com a aliança, B formará aliança sempre que:

$((1 - p)(1 - r)(q + r))/((q + r) + P(1 - q - r)) > Cb / Xb$

Considerando os custos da pressão sobre a aliança com B feito sobre E, e as vantagens de E (Xe), E poderá pressionar ou não.

A expectativa de E é dada por:

$(1 - q)(-Cb) + q(Xb - Cb) = q(Xb - Cb)$

q é o fator reduz a expectativa da função utilidade de B formar a aliança.

Se: $q > Cb / Xb$

B formará aliança

Se: $q < Cb / Xb$

B não formará aliança.

Tabela 4:

Predição dos resultados

m

A

Te

Tb

$\Phi(T;m)$

1 1 1 2 $\Phi(Te ; m)$ $((1 - p)(1 - r)(q + r))/((q + r) + P(1 - q - r))$ $< Cb / Xb$

1 2 1 2 $((1 - p)(1 - r)(q + r))/((q + r) + P(1 - q - r)) > Cb / Xb$

2 1 2 2 $q < Cb / Xb$

2 2 2 2 $q > Cb / Xb$

Fonte: Sorokin

VI - Diagnóstico dos Problemas de Governança nos OP

Existe uma predisposição para o Estado procurar manter aliança com uma ONG, de outra forma poderá tentar manter o controle sobre uma ONG.

No caso do OP, é difícil classificá-la como uma ONG pura, ou como instituição do Terceiro Setor, seria mais adequado classificar o OP como uma quase ONG, ou semi-ONG (co-ONG, proto-ONG, pan-ONG, sub-ONG, infra-ONG, pseudo-ONG).

Existem conflitos neste já médio trajeto histórico de existência do OP cuja institucionalidade não está no âmbito público nem privado, ficando no âmbito semipúblico devido a sua característica principal que é a ausência de autonomia, cujo patrocínio sendo do Estado compromete a sua expectativa de autonomia política, dificultando-a de fazer frente ou de opor-se ao governo que a patrocina politicamente, e lhes dá todo o suporte material e logístico para funcionar.

Dentro deste arcabouço onde o Estado entende que abre as portas para a comunidade interferir naquilo que deveria ser de sua competência exclusiva que é a execução orçamentária a contrapartida esperada pelo Estado que acolhe a comunidade no OP é a legitimidade política que sustenta a governança.

Deste conflito de competência entre o OP e o governo podemos destacar:

1. Dissintonia entre:

o   Necessidades;

b. Possibilidades.

- Técnicas
- Legais
- Orçamentárias
- Tempo

V. Política

2. Deficiência de conhecimentos técnicos dos participantes do OP na comunidade

- Legislação
- Projetos básicos e executivos
- Licitação
- Funcionamento da burocracia estatal (LDO, LOA, PPA)

Assim, as propostas devem nascer da comunidade com um mínimo de exeqüibilidade, dentro das expectativas dos planos do governo, dentro das possibilidades orçamentárias e dentro dos arcabouços legais.

Para isso, a comunidade participante precisaria estar preorganizada, e isto somente é viável através de uma semiorganização comunitária semipermanente sem ser profissionalizada nem partidarizada. Este é o maior desafio do OP para ser eficiente e não se transformar em uma máquina de sonhos apenas (utopia). Não vejo alternativa senão criar um semiparlamento popular para cada bairro, rua ou núcleo de debate do OP mais perto possível da comunidade tão pequeno quanto seja possível ter a participação e a integração de cada cidadão.

VII – Sugestões Gerais Para Um Novo OP:

Propostas para o novo método do processo do Orçamento Participativo:

Orçamento Parlamentarista

- Eleições locais para os deputados-vereadores (delegados) do OP;
- Prazo eleitoral para os registros dos candidatos a delegado e de suas plataformas de prioridades;
- Eleições dos delegados e suas plataformas após o prazo de defesa e campanha eleitoral;
- Apuração dos resultados e homologação dos vencedores das eleições.

Nas plataformas dos candidatos aos cargos de delegados deverão constar os projetos, valores e fonte de recursos para a realização das propostas contidas nas prioridades do OP; para isso o GTIOP e o CROP, bem como as

Administrações Regionais deverão dispor de assessoramento técnico aos grupos ligados aos candidatos; não serão aceitas candidaturas avulsas, os candidatos deverão se organizar em grupos de interesse localmente organizados para apresentarem os seus programas de prioridades articulados com a comunidade.

Não haverá reeleição nem recondução de delegados ao final do mandato, nem para mandatos alternados.

Não será permitida a participação de agremiações políticas e partidárias nas chapas dos delegados candidatos.

Os Fóruns de debate dos delegados deverão funcionar como instâncias deliberativas para que os delegados discutam as maneiras de efetivarem a realização das propostas priorizadas no OP e para organizarem a defesa e o acompanhamento das execuções delas nos âmbitos governamentais pertinentes e competentes instituídos nos três poderes e nas três esferas públicas, municipal, estadual e federal, mais os organismos de estado fiscalizadores e auditores como os ministérios públicos e os tribunais de contas respectivos e competentes.

Em um futuro não muito distante, o OP poderia ele mesmo executar o seu próprio sistema de prioridades, adjudicado pelos governos municipal e/ou estadual, tornando-se um agente político do terceiro setor, como um semiONG funcionando como um coparlamento participativo popular numa democracia popular participativa deliberativa.

VIII - Referências

1. ↑ MAHFUS, Júlio César. A construção da cidadania em busca da hegemonia social. Jus Navigandi, novembro de 2000.

2. ↑ DIAS, João Marcus Pires. O Orçamento Participativo na Cidade de São Paulo - Confrontos e Enfrentamentos no Circuito do Poder - São Paulo: Pontifícia Universidade Católica de São Paulo, Programa de Estudos Pós-Graduados em Ciências Sociais, 2006 , p. 72

3. ↑ ANDRIOLI, Antônio Inácio. Der Beteiligungshaushalt von Porto Alegre/Brasilien: Ein Beispiel für Deutschland? Universität Osnabrück., in Espaço Acadêmico. (versão em português).

4. ↑ Entrevista com Raul Pont: Pont quer criar 'capital da cidadania'. Porto Alegre: Fundação Perseu Abramo (FPA), 12 de agosto de 2008.

5. ↑ PORTO ALEGRE, PREFEITURA. Histórico do Orçamento Participativo.

6. ↑ MENA, Fernanda. Cidadania: Projeto estimula criança a opinar sobre gestão em SP. São Paulo: Folha de S.Paulo, in Gilberto Dimenstein, Só São Paulo, Jornalismo Comunitário, Folha Online, 31 de março de 2004.

7. ↑ RIBEIRO, Silvia. Serra: "Orçamento participativo do PT é marketing"., Eleições 2004, Terra.com, 10 de setembro de 2004, 19:19

8. ↑ CARVALHO, Maria do Carmo A. et al. Orçamento Participativo no Estado de São Paulo, BNDES IX –

Bibliografia

• ALVES, Márcio Moreira. A Força do Povo - Democracia Participativa em Lajes. São Paulo: Brasiliense, 1980.

• ANDERSON, Perry. Balanço do neoliberalismo. In: SADER, Emir & GENTILI, Pablo. Pós-neoliberalismo - As política sociais e o Estado democrático. Rio de Janeiro: Paz e Terra, 1995.

• AVRITZER, Leonardo y NAVARRO, Zander (orgs.). A inovação democrática no Brasil. São Paulo, Cortez, 2003.

• ARROW, Kenneth J. La organización de la actividad económica: cuestiones pertinentes a la elección de la asignación en el mercado versus fuera del mercado. In: HAVEMAN, Robert H. & MARGOLIS, Julius. Un análisis del gasto y las políticas gubernamentales. Mexico: Fondo de Cultura Económica, 1992.

• AZEVEDO, Sérgio de. Orçamento Participativo e Gestão Popular: Reflexões Preliminares sobre a Experiência de Betim. Proposta, n. 62, set 1994, p. 44-48.

• BENEVIDES, Maria Victoria e DUTRA, Olivio. Orçamento Participativo e Socialismo. São Paulo: Fundação Perseu Abramo, 2001.

• DAGNINO, Evelina. Sociedade Civil e Espaços Públicos no Brasil. São Paulo: Paz e Terra, 2002 .

• DIAS, João Marcus Pires. O Orçamento Participativo na Cidade de São Paulo - Confrontos e Enfrentamentos no Circuito do Poder - São Paulo: Pontifícia Universidade Católica de São Paulo, Programa de Estudos Pós-Graduados em Ciências Sociais, 2006 , p. 73 e seguintes (em português)

• FIGUEIREDO, Rubens & LAMOUNIER, Bolivar. As cidades que dão certo; experiências inovadoras na administração pública brasileira. Brasília: MH Comunicação, 1996.

• FISHBURN, Peter C. The teory of social choice. Priceton: Princeton Univ. Press, 1973.

• GENRO, Tarso e SOUZA, Ubiratan de. Orçamento Participativo: A experiência de Porto Alegre. São Paulo: Fundação Perseu Abramo, 2001.

• LÜCHMANN, Lígia Helena Hahn. Possibilidades e limites da democracia deliberativa: a experiência do orçamento participativo de Porto Alegre / Lígia Helena Hahn Lüchmann . Campinas, SP : (s. n.), 2002. Orientador: Rachel Meneguello. Tese (doutorado) - Universidade Estadual de Campinas, Instituto de Filosofia e Ciências Humanas.

• GIDDENS, Anthony. Beyond left and right Cambridge: Polity Press; Palo Alto: Stanford University Press, 1994.

• PIRES, Valdemir. Orçamento participativo: o que é, para que serve, como se faz. São Paulo: Ed. Manole, 2001.

• PRADO, Eleutério F. S. (1993) Metodologia da Economia: individualismo & holismo. Impulso, Piracicaba, vol. 6, n. 13, p. 29-48, 1993.

• SÁNCHEZ, Félix R. Orçamento participativo - teoria e prática. São Paulo: Editora Cortez, 2002.

• SANTOS, Boaventura de Sousa. Democratizar a Democracia: os Caminhos da Democracia Participativa. Col. Reinventar a Emancipação Social, vol.1. Rio de Janeiro: Civilização Brasileira, 2002.

X - ONG – Organizações Não-Governamentais

[1] BEBBINGTON, Anthony; FARRINGTON, John; ibidem.

[2] Ibidem.

[3] Ibidem.

[4] SYMES, Kimberly G.; Popular Participation and The Redefinition of Relations Between Nongovernamental Organizations and Local Governments. In: Policy Research Report. Austin USA : Univ Texas, 1997.No. 119.

[5] COMMONWEATH FOUNDATION; The Framework of Relationships within which NGOs Operate; Disponível em sl, acesso em.

[6] Kimberly Symes ibidem.

[7]MEREGE, Luis Carlos; NEDER, Ricardo Toledo. Orçamento das Estatais e Controle Político. In : Revista de Economia Política, [S.l. : s.n.], 1984, Vol 4, N. 1, p. 57 A, 70, jan/mar 1984.

[8] SANTOS, Boa Ventura de Souza. A Reinvenção Solidária e Participativa do Estado. Seminário Internacional Sociedade e a Reforma do Estado. São Paulo SP, 1998.

[9] Nas últimas décadas, o conceito de Terceiro Setor tem recebido diversas denominações como: Independent Sector, Nonprofit Sector, Voluntary Organizations,

Grassroot Support Organizations, Setor Sem Fins Lucrativos, entre outros.

[10] MODESTO, Paulo. Reforma Administrativa e Marco Legal das Organizações Sociais no Brasil. Seminário Internacional Sociedade e a Reforma do Estado. São Paulo SP, 1998.

[11] MENDES, Luiz Carlos Abreu. Para Onde Vão as ONGs? De Assessorias Informais de Apoio a Organizações Profissionais Estruturadas. Dissertação de Mestrado. Departamento de Administração da Universidade de Brasília – UnB, 1997.

[12] NEDER, Ricardo Toledo; Organizações Não-Governamentais na (Re) Construção da Sociedade Civil no Brasil: Dinâmicas, Sujeitos e Vinculações Entre Público e Privado nos Anos 90. Série Relatórios de Pesquisa - n° 10, Fundação Getúlio Vargas, São Paulo SP, 1996.

[13] MEREGE. Loc. Cit.

[14] NEDER, Ricardo Toledo; ibidem.

[15]FULLER, T. BENTHAM, Jeremy. MILL, James. In : STRAUSS, L. CROSPEY, J. History of Political Philosophy. Chicago: SN. p.717.

[16] Historiador e político britânico,redigiu um novo código de leis e começou a escrever e deixou inacabada a obra História da Inglaterra.

[17] POPPER, K. R. The logic of scientific discovery. LONDON: Hutchinson, 1965. P. 32. Karl Popper é defensor da idéia de metodologia científica baseada na precariedade e provisoriedade das verdades científicas, as quais só são válidas se puderem ser verificadas e se puderem ou, enquanto resistirem.

www.ingramcontent.com/pod-product-compliance
Lightning Source LLC
Chambersburg PA
CBHW082340270726
48658CB00017B/2915